新版 さすらいの仏教語

玄侑宗久

ロング新書

まえがき――屋上屋を重ねる

このたびKKロングセラーズさんが『さすらいの仏教語』を再刊してくださることになった。ついては新たな「まえがき」の執筆を、というのだが、二つ目の「まえがき」を書くなんて、じつに屋上屋を重ねるような所業である。

それにしてもこの「屋上屋を重ねる」という言葉、今やどの程度通じているのかわからない。長いこと使われず、埃《ほこり》を被っていくうちにほとんど死語になりかけているのではないか。

一方で「なにげなく」のように、「なにげに」と正反対の言い方に変身しながら同じ意味を維持している言葉もある。無節操と見る向きもあるかもしれないが、どうだろう……。

時代に応じ、形を変えて意味を保持する言葉もあるし、また逆に意味を変えつつ言葉そのものを維持するケースもある。
たとえば「ヤバい」や「鳥肌が立った」など、昔は否定的な意味で使われたものだが、今や感動したときに同じ言葉で褒《ほ》めちぎるのだ。それら双方が、いわば私の言う「さすらい」なのである。

ここでは本来仏教語というより、むしろ仏教の中で保管されてきた言葉の「さすらい」を中心に取り上げてみた。「ヤバい」や「鳥肌〜」が今後どの程度生き残れるかは知らないが、少なくとも本書で扱った仏教語は、歴史の荒波のなかでしぶとく生き残ってきた逞《たくま》しい言葉たちだ。

最近はコロナ禍が蔓延し、気候変動による異常気象も頻発し、戦争にも関わらざるを得なくなった。時代は大きく変わったと言えるだろう。わざわざ邁進してきたグローバリズムの結果なのだから受け容れるしかないが、こんな時には言葉たちも大きな試練のなかにあるはずである。

せっかく馴染んでもらった姿は変えず、意味を変質していくか、あるいは意味を保っために姿を変えるべきか……。その答えは恐らく時代が決めるのだが、なんとなくウィルスの変異のようでもある。過去の例をここにつぶさに見ておくことも、文化の変異を見るうえで何かの役に立つのではないか……。

当てもなくさすらう人々は、今や反社会的とさえ見られる。ジプシーの本質は、常に移動するその暮らし方にあるはずだが、最近は「ロマ民族」などと書き換えるよう求められ、本質を表現することもできない。さすらえなくなった時点で死語になったのである。

本当は、屋上屋を重ねることも、今でもお寺の「鞘堂《さやどう》」などの場合は普通にあり得るし、屋根全体を修理する専門家の間ではあたりまえの表現だ。むろんその場合は決して「余計なこと」でも「無駄」でもないのだが……。一般に知られて変形し、あるいは人口に膾炙《かいしゃ》するために変形するより、むしろ孤高の言葉なのではないか。

孤高、変身、変心、じつにさまざまな方法で、長い歴史を生き延びてきた言葉たち……。仏教が我々の日常に浸透してゆくプロセスを垣間見ながら、パラパラとどこからでもお楽しみいただければ本望である。

結局「屋上屋を重ねる」結果になってしまったが、二重の屋根もじつは法隆寺金堂《こんどう》や薬師寺三重《さんじゆう》の塔《とう》には用いられ、裳階《もこし》と呼ばれて雨よけや美観に役立っていることも申し添えておきたい。

ただ裳階の場合は通常下のほうの屋根で、「屋下に屋を重ねた」わけだが……。

令和四年霜月二十七日　慧日山中にて　　玄侑宗久謹誌

〈新版〉さすらいの仏教語

目次

〈新版〉さすらいの仏教語

I

師子身中《しししんちゅう》の虫《むし》

たいていはこの言葉、「恩恵をこうむりながら味方を裏切る者」といった意味に一般化されているが、もともとは「仏法に害をなす者」のこと。獣偏を省いて師子と書くのは経本における習慣で、実際には獅子と同じと思っていい。獅子は本来は架空の動物だが、一般にはライオンが想定される。仏法そのものの喩えにもなり、それを護持する人材の意味でも使われている。

『宝積経《ほうしゃくきょう》』というお経には、以下のようにある。「師子の身中に自ら諸虫を生じ、かえってその肉を食らう」。ここでの虫とは、どう見ても悪い虫だ。ライオンの中の虫なら、サナダムシかギョウ虫か。いずれにしても仏法にとっては敵の喩えだ。

しかしどうもこの言葉、最近は「師子身中の虫にならなくては達成できない」というふうに、目標達成のためには今の環境に耐えつつ時を待つべきだ、といった意味でも使われるようだ。つまりここでは、孤独な信念を貫く人が「虫」になり、師子は食い破るべき敵なのだ。

たしかに仏法の担い手である僧侶が堕落したような場合、外から批判しても仕方ない、という理屈は成り立つ。「それなら自分がしてみりゃいいだろう」と、私もよく言われた。学生の頃など、近所の和尚さんに生意気なことを言うと、よく「師子身中の虫になってみろ」と、言われたものだ。

しかし師子の身中に入ってしまうと、見える状況はがらりと変わる。人はそれを変節と見るかもしれないが、そうではなく、外から見ていた師子と、師子そのものが違ってくるのだ。のっぺりと勝手に塗りつぶしていた外見とは違い、もっと個別で違いのある内実が見えてくるということだろう。

さらに詳しく見ていくと、誰もが、「虫」のようにも思えてくるから不思議だ。もしかすると、師子とは虫の集まりではないのか。ギョウ虫や回虫がいると花粉症にかからないというが、異質な存在の複合体だからこそ師子は強いのではないか。そんな莫迦《ばか》なことまで思ってしまう。

たぶん虫を排除しようとするから、虫にやられるのである。

莫迦《ばか》

以前、『全国アホ・バカ分布考』という本があった。題名に似合わずまじめな言語学の本で、柳田國男さんの『蝸牛考《かぎゅうこう》』を推し進める形で言葉の発生と伝播《でんぱ》について論じていた。

つまり昔の言葉のほとんどは京都で作られ、それが同心円状に伝播したというのだが、そのサンプルとして貶《けな》し言葉の変遷を追っているのである。それによれば、京都周辺で使われている「アホ」などの言葉は新しく、東北や九州まで伝わった「バカ」「ヲコ」などはもっと古いことになる。「ヲコ」は「おこがましい」で、なんとか今に残っている。

「バカ」という言葉の語源は、その本では「馬家」になっていた。つまり、中国に馬さんという人がいて、その家の息子が家をつぶしてしまう（破家）ほどの愚か者で、「馬家」そのものが愚かさの代名詞になり、その言葉が平安時代の日本に伝わったというのである。

しかし別な説もある。これはもともと僧侶の隠語で、サンスクリットの「モハー」(moha) に漢字「莫迦」を当てたというのだが、「モハー」とは「痴」の意味である。

なるほど、さすが当て字のウマイ中国、お釈迦《しゃか》さまの「迦」に否定の「莫」を添えた。仏教徒ならずとも、納得できる字面である。一説には「マハーカラ」(＝魔訶羅＝無名の意)の転ともいうが、無名であることが「バカ」というのは了解しにくいだろう。

いずれにしても、「馬鹿」と書くのはあまり根拠がない。秦《しん》の悪臣趙高《ちょうこう》の「鹿を指して馬という」との説が室町時代の『運歩《うんぽ》色葉集《いろはしゅう》』に採録されているが、あまり説得力がない。だいたい「馬鹿」では「バロク」と読むのが普通である。

しかし当て字とはいえ、お釈迦さまのようでないのを「莫迦」というなら、ほとんどの人が「バカ」ということになる。最近は『バカの壁』をはじめ「バカ」という言葉が大手を振って歩いている。あの本の趣旨も、誰にでも『バカの壁』があるということだから、「莫迦」の字面とも矛盾しない。

それでも「バカ」という言葉は「アホ」よりも侮蔑《ぶべつ》度がつよいので、ご使用に当たっては細心の注意が必要になる。上に「いやん」をつけると途端に柔らかくなるが、それでは締まらない。さても日本語は難しい。

ホラ吹《ふ》き

ホラ吹きとは、一般にはウソつきのことだが、時には事を大袈裟《おおげさ》に話すことも含む。その場合は特に「大法螺《おおぼら》を吹く」と言ったりする。

ご存じのように、法螺とはもともと修験道などで使われるホラ貝製の楽器で、穴をあけて吹くと非常に遠くまで音が響く。昔は戦場での進退の合図にも使われ、修験者たちも山中で猛獣を遠ざけたり、夜中あるいは霧の中などで自分の居場所を知らせるために吹いた。「法華経《ほけきょう》」には「大法を説き、大法の雨をふらし、大法の螺を吹き」とある。つまり、仏の説法が堂々として、どこまでも遠くまで伝わるさまの形容に使われている。ただし、これが典拠になって法螺が使われるようになったのかどうかは、浅学にして知らない。

昔、東海林《とうかいりん》さんという荘司《しょうじ》さん（荘園の管理者）がいたため、東海林は「しょうじ」と読まれるようになったらしいが、それと同じ理屈で考えると、よっぽどウソつきの法螺吹きがいたのだろうか。

おそらくそうではないだろう。実際に法螺を吹くのを見ていると、あれは慣れた人でもけっこう大変そうである。一所懸命、顔を真っ赤に膨らませて吹く。

そのせいかどうか、「ホラ吹き」と言う場合、「ウソつき」となじられるよりもまだ愛情が感じられる気がする。必死な様子がほほえましいという感じがにじむのだが、どうだろう。ホラは許せるが、ウソは許せない？

「オオカミが来た」と言うのはウソだが、「自分はきっと大統領になる」なんてのはホラと呼ばれる。ホラには自分を鼓舞する効果もあるようで、時にそのホラが実現してしまうこともあったりする。

ウソから出た真ともいうが、ウソの場合と違って、たぶんホラには初めからなにか願いも込められているのではないか。「立派な弁護士になる」「日本一の農家になる」などというホラなら、どんどん吹いてほしいものだ。

考えてみれば、お経に使われる「スヴァーハ（そわか）」なんて言葉はホラみたいなものだ。「成就した」「めでたし」という意味で、祈りごとの後ろには、よくこの言葉が来る。「もう成就してしまってめでたい」とホラを唱えるのが、最も効果的な祈りなのである。

魔羅《まら》

思わず眉《まゆ》を顰《ひそ》める方もおありだと思うが、これも仏教語なのだから仕方ない。もともとは僧侶たちだけが使った隠語なのだが、いつのまにか世間に知られてしまった。ばらしたのは誰だ？

本来は梵語《ぼんご》の「マーラ」（māra）だから、善法を妨げ修行をはばむもののこと。殺者、障害、破壊などとも訳される。通常は「魔羅」と音写するが、単に「魔」と略されることも多い。自分の内側から生じるものが内魔、外からやってくるのが外魔だが、内魔の代表的なものが性欲。その象徴としてのアノモノを「魔羅」と呼んだのである。

そんなことは知ってたという方も少なくないだろう。ではそういう方のために、もう一つ隠語を紹介してしまおう。「因果骨」というのだが、ご存じだろうか。むろんこれもアレのこと。その心は、アレはときどき骨のように堅くなるわけだが、それがなんとも「因果だなぁ」ということだろう。じつに身に沁みる隠語である。

いくら「さすらいの仏教語」とはいえ、「魔羅」なんて知っても何の役にも立たない、と思われるだろうか。どうかそんなに「邪魔」にしないでいただきたい。「邪魔」というのも、本来は修行の妨げを指す同義語なのだ。ところが「魔羅」は、邪魔になったり、ならなかったりするからかわいいのである。

お釈迦さまの逸話にもマーラが登場する。たいてい「悪魔」と訳されているが、これも考えようでは内魔が顕在化したものと見ることもできるだろう。思い通りにならないことが悪魔の顔つきで現れるわけだが、悪魔として憎んだとて根本的な解決にはならない。マラが健康のバロメーターでもあるように、魔とは内魔のことだと割り切り、制御することこそ肝要ではないか。

ところで我が臨済宗《りんざいしゅう》中興の祖とされる白隠禅師《はくいんぜんじ》は、晩年、講座のなかで「内魔動ずるとき、外魔便りを得る」とおっしゃった。ここではおそらく、人知を超えた情報が「魔」と呼ばれている。むろん、内魔もマラのことじゃない。このマラは、そんな神秘とは関係なさそうにくつろいでいる。

どっこいしょ

立ったり坐ったりするとき、「どっこいしょ」と呟《つぶや》いたりすると「年だなぁ」なんて冷やかされる。あるいは自分で自嘲のわらいを漏らしたりするわけだが、この言葉、もともとは「六根清浄《ろっこんしょうじょう》」がなまったものだと云われる。

富士山に登るとき、「六根清浄、お山は晴天」と呟きながら登る人々はいまだにいるが、どうもその人々が疲れてくると「ろっこんしょうじょう（六根清浄）」がくずれ、周囲の人には「どっこいしょ」と聞こえてきたらしい。

六根とはむろん仏教語で、我々が世界と接する六つの器官。『般若心経』にも出てくる眼・耳・鼻・舌・身・意を指す。それによって感知されるのが六境で、色・声・香・味・触・法である。

なぜ六根は清浄でなければいけないのか、というと、余計な迷いを生みださないためだが、じつは仏教では、この六根やそれによって引き起こされる六識を本当のところ信じてはいない。六根が六賊とも呼ばれ、六境が六塵とも呼ばれるゆえんである。

だいたい感覚器から入ってくる情報は、脳によってまとめられる。見える景色はもちろん、声も香りも味も感触も、普段その対象をどう考えているかに左右されるのである。「あばたもえくぼ」「坊主憎けりゃ袈裟まで憎い」というのは、その辺の事情を端的に物語っている。要するに、我々が見たり聞いたりする世界は、「ありのまま」などではなく、思い込みの延長なのである。

思い込みは若いときほど強い。年をとって知見が広がり、体験も豊富になると、一概な判断はしにくくなる。そしてそれと同じことが、もしかすると極度の疲労コンパイの状況でも起こるのではないだろうか。そうなって呟かれる「どっこいしょ」は、もしかすると本当に六根清浄なのかもしれない。

そう考えれば、これは決して恥ずかしがる言葉ではない。集団に余裕があれば、いじめが起こり、個人に体力気力の余裕があると、うじうじ思い悩んだりもする。しかし登山で限界近くまで体力を消耗したら、そんな無駄な力は使っていられないだろう。

余計な思惑のなくなった「どっこいしょ」の眼に、この上なく美しい太陽が昇る。

皮《ひ》肉《にく》

皮肉といえば、誰でもときどきは言うかもしれない。物事を斜めに見て、そこに悪意や否定的な感情が宿った見解を、現在ではそう呼ぶ。

しかし本来は、皮肉は骨髄に対するもの。悪意の有無にかかわらず、仏教の根本義に照らした際に、あまりに枝葉末節で皮相な見方を、「皮肉の見」というのである。

ところでいったい、人間はなにゆえ皮肉など言うのだろう。

むろん本来の意味での皮肉ならば、これは仕方がない。智慧が足りなければ、皮肉の見になってしまう道理である。そうではなく、なぜ人は、わざわざ見え透いた小さな攻撃を、他人に対してするのか、ということだ。

思わず攻撃と書いてしまったが、皮肉とはジャブのようなものだろう。つまり近代人にとっての全ての会話には勝負の雰囲気があり、ジャブを放って相手を牽制するのが皮肉なのかもしれない。

それなら、肉を切らせて骨を断つ、と言いたいところだが、それでは同じ勝負の土俵に上がってしまう。

幼かった頃には、誰も皮肉など言わなかった。「おやつ食べたら早く勉強しなさい」と言われて、「うるさいなぁ」とは言えるだろうが、「お母さんはちゃんと勉強したからお父さんと結婚できたんだね」などと皮肉が言えるのは幾つぐらいだろう？

え？　皮肉に聞こえない？　あ、そんな幸せな境遇の方もいるんですね。失礼しました。

ともあれ、皮肉で済ますのは、現在の薄っぺらな自分を守ろうという姿勢である。

とりあえずジャブでも、優勢な気分になりたいのだ。


次々と展開していく新しい自己に意識を集中しつづける、それが仏教的智慧であってみれば、皮肉など言っているヒマはない。しかし世の中には、ときどき皮肉で発憤する人がいたりするから、複雑だ。まぁ皮肉を通らなければ骨髄には至らないのだから、仕方ないのだと思っておこう。

貧者《ひんじゃ》の一燈《いっとう》

その昔、お釈迦さまがアジャータシャトル（阿闍世《あじゃせ》王）の招待を受け、その一行が夜になって宮殿から竹林精舎《ちくりんしょうじゃ》に戻ろうとするとき、足許を案じた王は数千の燈籠をともして道を照らしたという。その時じつは一人の貧しい老婆も一燈を献じたいと言い、同じように供養したのだが、お祭しのようにこの一燈だけが朝まで消えなかったらしい。それで、貧者の真心のこもった寄進は、富者が金に飽かせて行なう大量の寄進に勝る、という意味で言われる言葉である。

しかしこういう話が生まれるのは、だいたい王の普段の行ないが宜しくなかったせいではないか。それが証拠に、地面に黄金を敷き詰め、祇園精舎《ぎおんしょうじゃ》にする土地を寄進したスダッタ長者には、こんなエピソードは残されていない。

アジャータシャトルはマガダ国の王だが、父ビンビサーラ王を餓死させている。お釈迦さまを何度も殺害しようとしたデーヴァダッタの教唆があったとも言われる。苦悩に打ち沈む、アジャータシャトルの母ヴァイデーヒーに、お釈迦さまは極楽を説いて聞かせた。それが『観無量《かんむりょう》寿経《じゅきょう》』である。

アジャータシャトルは後に自分の行ないを悔やみ、お釈迦さまに帰依し、仏滅後の第一回結集《けつじゅう》では必要な物資を全て寄付したとされる。しかしそれでも、国王としてのアジャータシャトルは近隣諸国の併合に励み、マガダ国を強大化しつづけた。怨んでいる人も、少なくはなかったはずである。

誰が言った言葉かは知らないが、歩いて帰る人々を照らすのに、本当は一燈だけで役立つはずがないではないか。一燈で暖をとるわけじゃなし、またその一燈を持ち歩くわけでもない。ただただそこには、改心しても否定される王の姿が浮き彫りになる。一燈を寄進した老婆は、いわばそのための「引き合い」にすぎない。ベラボーな寄進をしても、以前の怨みは帳消しにはならない。そのことは、普段から肝に銘じておくべきだろう。

ところでこの貧者の一燈こそが尊いと、大口の寄付を断ってまで瓦一枚ずつの寄付方式を貫いたのが、薬師寺の故高田《たかだ》好胤《こういん》師である。効率重視の世の中に投じられた、貴重な一石ではないだろうか。

観念《かんねん》

「観念しろ」といえば、今では「諦めろ」という意味で使う。しかし仏教語としての「あきらめる」は明らかにする意味。名刺としての「諦」も、本来は明らかにされた真理という意味である。なにゆえ「観念」は本来の立派な意味を忘れ、単なるギブアップという意味になってしまったのだろうか。

元々これは仏や浄土などを「観想し、念じること」で、『観仏三昧経《かんぶつざんまいきょう》』では盛んにこの行為が勧められる。中国の善導大師などは観念によって見た世界を多くの絵に描き残しているが、これはよほど熟練しないと難しい。そのため、法然は口で称える方法を重視する。これが観想念仏から口称念仏への進展である。

だから本来の観念は、声はださず、脳裡に観想して念じる瞑想のようなもの。口にだして称えるよりは、雑念も起きやすいし、難しい。本来は念仏も、西の夕日を視ながら、その彼方に浄土を観想する、観念することだったのである。

たしかにそうしたイマジネーションを持続することが難しいから、観念を諦めてしまったのかもしれない。観念しようとするとすぐ諦めてしまう、故に観念＝諦める、になった？　考えてみれば、観念も諦めるも、同じように意味が変質している。つまり阿弥陀仏をはっきり観念することを諦めた、となれば、今や「諦めることを観念した」と言っても同義である。

観念はまた、明治以後はプラトンに発する「イデア」の訳語として用いられ、哲学用語にもなった。当初、外在的な存在の原型として認識された「イデア」は、やがてデカルトによって内在的な問題として捉え直されるが、はっきりしているのは、仏教的な観念にとって重要だった具体性から、どんどん離れていったことだろう。

本来、観想し念じるヴィジョンは、明らかに具体であった。しかしそれが難しいから観念し、明らめるのも大変なのでギブアップしているうちに、観念そのものも全く具体とは反対の意味になり、なおさらギブアップになってしまったのだろう。さすらっているうちにこれほど真逆に変質した言葉も珍しい。観念だけになんだか観念的な話になってしまったが、堪忍していただきたい。

娑婆《しゃば》

なんともややこしい字面だが、あまり字面にこだわる必要はない。サンスクリットで大地を意味する「サハー」(sahā)が仏教語に入り、我々がふだん暮らしている「この世」、俗世間という意味に変化した。

「サハー」は意訳では「忍土」と訳され、この世は決して思い通りにならないことが前提にされる。語根の「サフ」が「堪え忍ぶ」意味であるがゆえの派生だが、「この世」をそのように前提することで、「苦」に対する受け止め方も大いに違ってくるはずである。「この世」では「苦」があたりまえなのだ。

しかし一方で、「サハー」には自由な世界という意味もある。「娑婆の飯が食いてぇ」なんて、高倉健が刑務所のなかで呟いたりするのはその意味だ。軍隊や刑務所など、つまりもっと制約の多いところにいると、ふつうの世界さえ自由に思えるということだろう。

どうも後者の意味は、修行を嫌がる気分のなかから発生したような気がする。私なども道場にいるとき、「娑婆では炬燵《こたつ》もあるし、あったかいだろうなぁ」とか「娑婆ではカツオの刺身なんか食べられて、いいなぁ」などと不埒《ふらち》なことを考えたものだった。

思えばこの認識のズレは、どんな世界にいても発生する。要するに人は、自分のいる場所が不自由でややこしいと思うようなのである。

なぜか。むろん、誰でも自分が一番可愛いし、その欲望にはキリがないからである。『今昔物語』には「此《これ》より東方に無量無辺の仏土を過て世界あり、娑婆世界と云う」とある。あれ？　仏土のこちらも娑婆、向こうも娑婆？

そうなのだ。「丁度《ちょうど》いい」のが極楽、「度が過ぎたら」忍土が出現するのである。しかも度を過ごしたのはすべて自分のせいだ。

思い返すと、道場の暮らしも今となれば極楽だったように感じる。度を越した睡眠不足や畑仕事なども、みんながしているから度を越しているとは思わなかった。かえって今のほうが、一人で勝手気ままにしている分、度を越しやすい。

私は最近「程　人間万事此一字」などと色紙に書いたりする。結局この世の住み心地を決めるのは「程」だから、アッという間に自由になったり不自由になったりするのである。

退屈《たいくつ》

最近は、ヒマですることがないと退屈するようだ。しかし元々はこの言葉、悟りをめざす仏道の求道者の、志が退《しりぞ》いて屈することを意味した。だから「仏心に退屈なし」（『反故集《ほうぐしゅう》』）と云われるように、退屈するなどモッテノホカなのである。

たしかに昔から、修行に退屈する人は多かった。道場でもたいてい入門からひと月以内に、ほぼ半数は退屈して逃げだす。先輩のなかには、あまりの厳しさに退屈し、高い塀を夜中に飛び越えた人がいた。しかし塀の天辺から飛び降りたとたん、心ばかりか体までタイクツ（体屈）し、骨折してしまった。お陰でまっすぐ病院に運ばれ、否応なく道場に戻されてからは退屈せずに修行が続けられたようだ。

昔から、三退屈と云われる代表的退屈がある。それは①菩提広大屈《ぼだいこうだいくつ》②万行難修屈《まんぎょうなんしゅうくつ》③転依難証屈《てんねなんしょうくつ》だが、およその意味は見当がつくだろう。①は悟りがあまりに広大なのに呆れて退屈し、②は修行の果てしなさに退屈し、③は雑に染まった心を清浄に転ずるのがあまりに難しくて退屈するというのである。

本来の退屈は、だから言い換えれば意気消沈、という感じかもしれない。

仏道の場合は、退屈すると世間に戻り、今度は「退屈しのぎ」の俗事にかまけることになるが、戦場での退屈は戦意喪失を意味するから命にも関わる。

翻って現在の退屈は、まずはそうした命の保証が万全であるところから始まる。文明、あるいは芸術なども、じつは退屈が産みだしたものと見ることも可能ではないか。

『旗本退屈男』という映画があったが、あれも仕官の志が退屈し、そのうち退屈しのぎに庶民のなかで武士の心意気を見せるような話ではなかっただろうか。

仏道に終わりがないとすれば、我々は永久に退屈してはいけないわけだが、これは大変なことだ。

しかし退屈すればそのうち進伸するのが自然の摂理。私など、そうして尺取り虫のように前進するしかないような気がしている。

大丈夫《だいじょうぶ》

たぶん志村けんが「だ〜いじょ〜ぶだ〜」と流行らせるずっと以前から、大丈夫は「ノープロブレム」の意味で使われてきた。しかし本来は偉大な人、ひいては菩薩《ぼさつ》さえ意味したことを思うと、この大丈夫という言葉もずいぶんさすらい、そして落ちぶれてしまった。

丈夫はもともとサンスクリットで男、堅固さを意味する「プルシャ」の訳語。大丈夫に当たる「マハー・プルシャ」(mahā-puruṣa)も梵語からすでに存在している。これが仏教語に入ると偉大な人、ひいては大乗仏教の菩薩を意味するようになったのである。

偉丈夫、女丈夫などという使い方は、むしろ本来に近い。大丈夫ばかりがこれほど変質してしまったのは、もしかすると大丈夫の鷹揚で寛大な心のせいだろうか。「まあ、いいでしょう」「あ、OKです」なんて言ってるうちに、大丈夫はOKになってしまった?

仏教語以前の使い方のなかでは、「プルシャ」は宇宙の根源物質、また自我の実体といった意味も表した。これは「アートマン」という言葉の変遷をも想わせる。仏教語以前には実体視し、仏教語になると縁起する無常な現象と見られるのである。前者は仏教的認識とは懸け離れているが、たしかにそういう認識は、男と馴染みやすい。堅固なような、脆いような、それが丈夫の心根なのかもしれない。

『阿含経《あごんきょう》』に、女は怒るを以て力となす、子供は泣くを以て力となす、沙門《しゃもん》は忍辱《にんにく》を以て力となす、とあるが、ふつうの丈夫はどうなのだろう。

『孟子』には、志を得れば民と之《これ》に由《よ》り、志を得ざれば独り其の道を行なう。富貴も淫《いん》する能《あた》わず、貧賤も移す能わず、威武も屈する能わず、此《これ》を之《これ》大丈夫と謂《い》う、とある。つまり、お金でも貧しさでも脅しでも変節しない堅固な志の持ち主のことだが、『孟子』がまとめられたのは紀元前三世紀だから、この大丈夫という言葉じたい、仏教流入以前からあったのである。後にそれが、マハー・プルシャの訳語に使われたのだろう。

鎌倉時代に中国の中峰明本《ちゅうほうみょうほん》のもとで禅を学び、滋賀県に永源寺を開いた寂室元光《じゃくしつげんこう》の「参禅は実に大丈夫の事」という言葉は、道場でもよく聞かされた。何度入室しても許されない、しかし何度でも挑み続ける雲水の心ばえは、確かに「だ〜いじょ〜ぶだ〜」の楽観性に支えられている。真の大丈夫は、現在の意味の「大丈夫」にもきっと馴染みやすい人なのである。

分別《ふんべつ》

ゴミは「ぶんべつ」して出さなくてはいけない。しかし仏教語としてのこの文字は、当然「ふんべつ」と読む。分別は我々も普通に使っている言葉だが、これも元々の意味からするとずいぶんさすらってしまった。

「いい分別ある大人が、いったい何ですか」などと叱る場面も見かけるが、現在の我々は、分別は当然大人が身につけるべき思慮や判断だと思っている。思慮分別という言葉もあるし、分別盛りともいう。これはどう考えても、分別をもつことを褒め勧めているのである。

しかし本来の分別は、どうしても凡夫がしてしまう間違った判断のことだ。反対語である「無分別」の智慧こそ、悟りの智慧なのである。

要するに仏道修行者は、いっぱしの分別を身につけるために修行するのではなく、逆に分別を捨てるためにこそ修行するのだ。子供から大人になるに従って分別を身につけていくことは確かだが、それを仏教は、ロクなもんじゃないと考えているということである。

思えば我々は、大人になるにつれて「どっちが得か」「どっちが綺麗か」あるいは「どっちが正しいか」なんてことばかり身につけていく。その落ち着かなさを、兼好法師は次のように書く。

「世にしたがへば、心、外の塵に奪はれて惑ひやすく、人に交はれば、言葉よその聞きに随ひて、さながら心にあらず。人に戯《たはぶ》れ、物に争ひ、一度《ひとたび》は恨み、一度は喜ぶ。その事定まれる事なし」（『徒然草』第七十五段）

少しわかりにくいかもしれないが、要するに人は世間や相手に応じて一喜一憂してばかりでは仕方ないだろうと、法師は言いたいのだ。そんなことでは「分別みだりに起こりて、得失やむ時なし」だと続けている。

兼好法師はその後、『摩訶止観《まかしかん》』まで引用して、分別を増長させる生活・人事・伎能・学問の一切に関わるなと説く。そしてその諸縁を放下《ほうげ》した状態こそ「つれづれ」だというのである。

「つれづれ」は通常「手持ちぶさた」「所在ない」などと訳されるが、たぶんもっと深い。じつは坐禅も、つれづれなるままに分別を起こさない練習なのである。

II

餓鬼《がき》

片仮名で「ガキ」と書くとずいぶん印象が違う。昔は庭の柿などを盗んでいく子供にはよく「このガキ〜」などと罵声が飛んだものだが、むろん柿とガキは何の関係もない。ここでのガキは、子供の蔑称である。坊主といいガキといい、どうして子供は仏教的に呼ばれるのだろう。

「餓鬼」はもともとサンスクリットの「プレータ」(preta)の訳語であり、死んでなお飢えに苦しむ亡者のことだ。なるほど飢餓にあえぐのだから柿を盗んでもおかしくない。昔の「ガキ」はそれほど飢えていたからそう呼ばれたのだろうか。

仏教の考え方ではないが、昔からインドでは、死者に食べ物を供えないと亡者としてさまようとされていた。盛大に食べ物を供え祀《まつ》ることでようやく娑婆を離れるのだ。中国では古来死者そのものを「鬼」と表現したが、こちらにも食べ物を供える習慣が古くからあったため、プレータはすんなり「餓鬼」と訳されたのだろう。

鬼というと、どうも日本人は虎の皮のパンツに牛の角を生やした赤鬼や青鬼を想ってしまうが、あれは日本人の創造である。死者の世界への入り口が方位的に北東つまり丑寅《うしとら》の鬼門と考えられていたため、勝手に牛の角を生やし、虎のパンツを穿かせたのだ。

古来の餓鬼の絵は、むしろもっと人間的で真に迫る。私にはその絵が、実際に餓えた子供をモデルに描かれたように思えて仕方がない。空腹も程度を超すと腹部が膨満してくる。ビアフラ内戦時の子供たちの姿が憶《おも》いだされる。眼は落ちくぼみ、もうどこを見ているかも定かでなくなる。それなら柿くらい、どんどん持っていけばいいと思うほどである。

しかし餓鬼の世界の辛さは、柿くらいでは収まらない。いや、何を持っていこうと、口に入れようとするそばから炎になってしまうらしい。恵心僧都《えしんそうず》源信の『横川法語《よかわほうご》』には、「家はまづしくとも餓鬼にまさるべし」と綴られる。

インドでは供養されないと餓鬼になったが、中国では物惜しみした本人がやがて餓鬼になると考えられた。最近の日本には柿を盗むようなガキはおらず、ガキは、いや、お子様たちはスマホ片手にゲームに興じているが、柿を盗むガキと彼らと、どっちが本物の餓鬼かは不明である。

素性《すじょう》

血統や家柄、ときには職業なども含め、「氏」「素性」と続けて使われることが多い。それがわからないことを、馬の骨に喩えたりもするが、じつは馬ほど素性の明らかな生き物はいない。現在のサラブレッドは、すべて四頭の先祖からの流れで辿れるらしい。馬にはいわゆる血統書があるから、我々よりよっぽど素性が明確である。まぁ骨になってしまえばわからないということかもしれないが、それなら別に馬である必要はない。どこのネズミの骨かわからない、というほうがよほどわからないだろう。

人間に血統書はない。しかしそれに近い発想で人間を区別したのがカースト制度である。そこでは種と姓という先天的な要素で人を区別し、それらを合わせてサンスクリットで「ゴートラ」(gotra)と呼んだ。それが「種姓」であり、本来はこれを「すじょう」と読んだ。カーストのような制度のない国に言葉が移入されたため、いつしか人が元々(素)もっている性《さが》という意味で「素性」と書くようになったようだ。

しかし仏教では、素性はみな同じ仏性だと思っている。心の底に潜む無明のさらに奥に、同じ光明があると考える。これを「光明蔵《こうみょうぞう》」というのである。

このことは、人類のＤＮＡが九九・九九％まで同じだという事実によって裏づけられたかに見えた。

しかし最近では、人の違いを識別するためにもＤＮＡが利用され、ＤＮＡ鑑定なども行なわれている。つまり、どこの馬の骨かも、今なら特定されるのである。

もともと四つの種姓（バラモン、クシャトリヤ、ヴァイシャ、シュードラ）は、霊的能力で区別したものが世襲になって形骸化したという説もある。真相はわからないが、今やこの素性の根拠を、遺伝子に求める時代なのだろうか。遺伝子の研究そのものは今後も進んでいくのだろうが、その二次利用がひどく気にかかる。デザイン・ベビーやＥＳ（胚性幹）細胞使用という発想に、すでに種姓にも似た優生学復活の芽が潜んでいそうな気がする。

釈尊は、人を区別するのは唯一行ないに依ると考えた。彼があれほどこだわって「種姓」を無視したのは、たぶん人間の「素性」を信じたからだろう。仏教的には種姓と素性はかくも違う。この意味が近づくことは、とても怖いことではなかろうか。

阿弥陀《あみだ》クジ

なにゆえクジなどに、阿弥陀さまの名前が付いているのか、不思議に思う方もいるだろう。クジの結果は阿弥陀さまのお導きだから、怨みっこなし、という解釈も成り立つ。

しかし、どうもそれは後づけの解釈で、元々このクジが、阿弥陀さまの光背を模して作られたから、ということのようだ。

寺には本来、治外法権があった。というより、武士たちがその地を統率するまえから寺はあったから、武家の法とはまた別な基準をすでにもっていたわけだ。大名が罰する人間が、必ずしも悪人だとは考えなかったということだろう。武家の法はやがて天下統一によって王法となるが、仏法とは微妙に食い違うのである。

たとえば農民一揆のリーダーなど、王法にとってはこの上なく厄介だから、市中引き回しのうえ斬首、というのが一般的な処罰になる。しかし仏法から見ると、彼らは社会を憂える有為な青年であり、出家して修行すればよい僧侶になるだろうという判断もあり得る。

明恵上人《みょうえ》は「窮鳥懐に入れば」匿《かくま》うのが寺だと考えていた。その習慣が、じつは織田信長の駆け入り禁止令までは一般的だった。

寺という場所は、だから反体制的で有為な青年などが集う場所でもあった。自由民権運動の非合法な会議などにも、多くの寺は場所を提供している。

しかしそうした有志ばかりでなく、寺には博打をする無頼の徒まで集まったのだろう。寺によっては、寺銭という会場費さえ払えば何にでも提供したのかもしれない。

むろん阿弥陀クジは、博打の手段ばかりでなく、たとえば仕事や物品の割り振りなどにも非常に有効な方法だった。最初に述べたように、まったくの運次第だから、結果も阿弥陀さまの思し召しと納得できたのだろう。

方法は阿弥陀クジとは限らないが、江戸時代の多くの寺では富クジも行なわれている。じつはうちのお寺にも当時の籤函《くじばこ》が残っている。これは現在の宝クジの原型で、少額ずつ出し合った檀家さんに、夢のような高額が当たり、しかも寺は維持管理費を捻出できた。今は国の総務省が主催しているが、元々はお寺発案になる絶妙な仕組みなのである。

油断《ゆだん》

石油の利権を争って戦争まで起こる世の中だが、照明用の菜種油も昔から塩と共に貴重な資源だった。「油を売る」姿が悠長に見え、どこで油売ってきたんだ、などと怒鳴《どな》られるのも、柄杓《ひしゃく》に一滴も残さないようにどの売り子も時間をかけて売ったからだろう。買い手の真剣な眼差しも想像され、悠長に見えても、いい加減に切り上げるわけにはいかなかったのである。

大切なものであったのはどこの国でも同じかもしれないが、インドには恐ろしい王様がいたらしい。家臣に油の入った鉢をもたせ、それを運ぶ最中に一滴でもこぼせばお前を斬ると言って、背後から抜き身の刀を持った別の家臣に歩かせたというのである。(『涅槃経《ねはんぎょう》』)

幸いなことに、彼は一滴もこぼさず、落命せずに済んだが、これが「油断」という言葉の元になったと昔から言われる。また別な説としては、お寺の常夜燈の油が切れることが「油断」なのだともされる。

ご本尊に対しては、香、花、燈の三具足、あるいは花2、燈2で合わせて五具足を供えるのがお寺の務めだが、花はともかく、香や燈火は高価だったため、それを維持するには多くの寄進が必要だった。二宮金次郎のエピソードを待つまでもなく、菜種油は貴重品だったから、常時燃やすのは大変な贅沢だったのである。だからこそ、「貧者の一燈」（二六ページ）などという言葉も生まれた。

燈明を絶やさないためには経済力も必要になるが、それがあったとしても、ついうっかり、思わず知らず、ということが起こり得る。油をこぼす意味だとすれば尚更《なおさら》この不注意が問題だろう。

しかし不注意を減らし、集中力を保つのは仏道修行の眼目でもある。いわばどんな敵よりも手強いのが、自分の心の散漫さだからこそ、油断大敵なのである。

心は本来ころころと動きまわるもの。それを総合してたもつのが「総持」、つまり「禅《ぜん》定《じょう》」ということだ。これは仏教が推奨した生活上の技術と言ってもいい。この禅定の途切れ目、油の切れ目から、魔も差す。油断すると魔が差すから、油断するなというのである。

今の中国では「がんばる」ことを「加油」と言うが、それはつまり、火が生命力を意味するということか……。怖《こわ》ッ!!

うろうろ

だいたい「うろうろ」してるのは怪しい奴に決まっている。怪しくない場合でも、まぁ頼りにならないことは確かだろう。

漢語の「右往左往」にも同じようなニュアンスが漂う。似た言葉で、「東奔西走」という言葉があるが、この場合は目的も手段もちゃんと見えたうえで動いている。ただちょっと忙しすぎるのである。しかし「右往左往」のほうは、目的はあるのだろうが、そのためにどう動いてどこへ行ったらいいのかわからない。右なのか左なのかもはっきりせず、「うろうろ」しているのである。

この「うろうろ」、元々は「有漏《うろ》」から来ている。「漏」とは煩悩のこと。煩悩に溢れた凡夫の状態を「有漏」といい、そういう「漏れ」のなくなった悟りの状態を「無漏《むろ》」という。

一休宗純《いっきゅうそうじゅん》に有名な歌がある。

有漏路《うろじ》より無漏路《むろじ》へ帰る一と休み
雨降らば降れ風吹かば吹け

今はこの迷いの世界（有漏路）にいるが、これも彼岸（無漏路）に行き着くまでの一と休みのようなもの。そうであるならいろいろあったほうが面白い。どんな困難でも受けて立とうじゃないか、雨よ降れ、風よ吹け、という感じだろうか。

そうと覚悟が決まれば「うろうろ」することもあるまい。なぜなら、煩悩の最たるものは「貪欲」。自分に好都合なことばかり望むから、不都合を避けて「うろうろ」することになる。あるいは虫のいいほうばかり向くから「うろうろ」するのだ。風雨も厭わず、あらゆる困難も自分を豊かに変化させる修行と心得れば、そのまま真っ直ぐ行けばいいのである。

それにしても日本語の擬態語は豊かだ。「じたばた」と言っただけで苦しさまで伝わるし、「へらへら」には無定見まで感じられる。

それじゃあ「うろうろ」じゃなくどうすればいいのか。「ふらふら」でも頼りないし、「がんがん」は強引そうだ。

江戸時代には、スタスタ坊主というのがいたらしい。頼まれればどこへでもスタスタお参りに行って、スタスタこなして帰ってくる。それが理想だろうか。

ないしょ

「ないしょ　ないしょ　ないしょの話は　あのねのね」と歌われる。そのことからも、内緒話はすぐに人に話されてしまうことがわかる。あれはじつに社会教育になる歌である。

しかし本来「ないしょ」というのは、「内証《ないしょう》」という密教用語が変化した言葉で、「内緒」や「内所」というのは当て字である。

「証」とは悟りのことで、外からは知りようもない。これを秘密といい、内証といったのである。なぜ知り得ないのか。それは、言葉で表現できないからだろう。

しかしむろん、同じ境地に達すれば、それは言葉にできなくとも通じあってしまう。「ないしょ話」という歌も、「にこにこ　にっこり　ね　母ちゃん」と続く。本当は、この「にっこり」でしか通じないものが「内証」なのである。

ところが歌はその後、「お耳へ　こっそり　あのねのね／坊やの　おねがい　きいてよね」となる。なんだ、話してるんじゃないか。要するにここでは、母ちゃんと坊やの二人だけしか知らない話を「ないしょ」と呼んでいるのだ。これもずいぶんさすらったものである。言葉にできない「さとり」の世界が本来の「内証」だと申し上げた。なぜ言葉にできないのだろう。

それは簡単に言えば、「さとり」は全体性の問題であり、言葉は常に全体性を分断する道具だからである。もっと言えば、言葉を発する者も全体性の内部にいて全体性に影響を与えている。そこにはいわゆる客観的な事実など存在しないのである。体験的に感じることはできるが、それは言葉にした途端に他人事になってしまう。「さとり」は常に体験的な真実だということだろう。

そういえば、秘密という言葉も、本来は隠しているのではなく、誰にも理解できないから「秘密」と呼ばれた。高尚すぎる内容の言葉が、かえってさすらいやすいのかもしれない。

「ないしょ話」の坊やは、明日の日曜、母ちゃんに何かを買ってほしいようなのだが、本当の内証はもっともっと素晴らしい賜り物のはずなのである。

工《く》夫《ふう》

工夫は「くふう」と読む。現代の中国語で「有工夫吗《ヨウコンフマ》？」（工夫はありますか？）とは「ヒマですか」の意味。やはりヒマでないと、工夫もできないと考えているのかもしれない。しかし本来の「工夫」は、ヒマではなく、むしろそこに注がれるテマのことだった。日本語での「テマヒマをかける」という意味に近い。宋代以後、朱子学や陽明学で非常に重視され、人格の完成をめざす全ての修行、実践、勉強などをこの言葉で表現するようになる。その影響だろう、現代の朝鮮語では「コンブ」と読み、「勉強する」意味で日常的に使われている。

多くの仏教語がサンスクリット由来であるのに対し、これは明らかに中国発の言葉である。

もともとは禅宗が、公案に取り組むことを「工夫」と表現したことに始まるともいう。そういえば道場でも、「参禅工夫」という言葉はよく使ったし、坐禅中の告報でも「じっくりと工夫してください」などと言われた。

なるほど、坐禅においては、テマとヒマとは合体している。あれほどのテマは、ヒマじゃないとかけられないし、どんなにテマをかけたとしても、外見上はヒマにしか見えないはずである。つまりテマとヒマとは、お互いに支え合っているということか。

昔、熱心な修行者がいて、しかしどういうわけか洟《はな》を垂らしていたため、先輩が「洟くらいかめよ」と注意したらしい。するとその修行者、烈火の如く怒って「そんなヒマはない」と言い放ったという。

おわかりいただけるだろうか。真剣に工夫しはじめると、少しもヒマではなくなるのだ。テマもヒマもすべて参禅弁道に注がれてしまうため、単なるヒマは少しもなくなってしまうのである。

現代日本語の「工夫する」は、どちらかと言えば本筋と関係ない部分でのアイディアや創意を意味することが多い。いわば工夫が小振りになり、それは器用さにも通じている。しかし禅は、昔から小器用な「脇かせぎ」を嫌う。洟をかむ間もなくなるほど不器用な専一さこそ、本来の「工夫」の真骨頂である。

工夫が足りないと、工夫が見えてしまう。そのことにも注意したいものだ。

がたぴし

擬音語や擬態語のことをオノマトペといい、日本語にはとりわけそれが多い。「がたぴし」もその一つだが、これは仏教語としての「我他彼此《がたひし》」に由来する。

通常は、古びて建てつけの悪くなった戸とか、二つ以上のものがうまく噛み合わない様子に用いられるが、これは「我」によって「自他」の融合が妨げられ、「彼《かれ》」と「此《これ》」とも無益に比較してしまうという人間存在への本質的な仏教的認識を、じつにうまく表現している。

仏教が説く「無我」においては、一切が「我他彼此」せず、平和的に融合している。しかし我々にはいつしか「我」が生じる。「我」を生じさせる力を、インドではサンスカーラ（行《ぎょう》）と呼んだが、これは母親の胎内で芽生えた最初の意識である「識《しき》」に、すでに宿っていると考えられた。つまり人間は、生まれる前から「我」に向かう方向性を刻印されているということだ。「苦」を生みだすシステムとして考えられた十二因縁では、「識」

のまえに「行」が置かれる。そのまえに「無明《むみょう》」が置かれるのは、つまり「我」の芽ともいえる「行」が、どうして発生するのかわからない（無明）ということだ。

わけがわからないもの（無明）を相手にしてもわけがわからないから、お釈迦さまはひとまず実践目標を「行の滅尽」に置いた。これによって世界の「我他彼此」が、根本的に解消されると考えたのである。

このことに気づき、「我」の解消のために瞑想を実践して得られた状態こそが、仏教的智慧としての「般若」だといっても過言ではない。

思えばこの言葉から、「がたがたする」とか「がたがくる」という表現も生まれた。いずれも、「我見」によって世界が対立的に見え、平安が失われ、騒いだり怯えたり本来の安寧が失われた様子である。

それにしても、建てつけの悪い戸は、たしかに「ガタ、ピシ」と聞こえる。仏教語がさすらって擬音語に変じたと最初に書いたが、あるいは当初から、擬音語からの連想があったのだろうか。謎である。

「そんな細かいこと、がたがたぬかすんじゃねえよ」。我の強い人ほどそんなことを言うけれど、がたがた騒いでいるのはあなたのほうだ。

めっぽう

「めっぽう旨い」などと、今では「考えられないほど」という意味の副詞として使われることが多い。つまり、なぜこんなに旨いのか、その原因が理解できないから、滅法なのである。

この世のことが、すべて理屈で理解できると思っている人々には、たしかに「滅法」と言うしかないのだろう。

しかし、仏教でいう法とは、主に「縁起」あるいは「因縁」の法である。もともとお釈迦さまは、これが我々の理性によって把握しきれるとは一言もおっしゃっていない。むしろこれは合理的に把握できない共時性をも含んだ法則であり、瞑想のうちに直観するしかないはずだった。

認めたくないかもしれないが、「めっぽう旨い」と感じるのは、大好きなあの子がいつか旨そうに食べていたせいかもしれず、無意識の記憶の影響は案外無視できない。しかし合理的な人間はたいていそんなふうに思いたくないのである。

なるほど法と呼ばれてしまうと、我々は頭で理解できるものと錯覚してしまうのかもしれない。そのため、やがて合理的に理解できる「有為法《ういほう》」と、それでは理解しようがないとされる「無為法《むいほう》」が区別されることになる。本来は、この無為法のことを滅法といった。

古武道のなかには、子供や酔っぱらいの動きを真似た剣術があるらしい。通常の大人には「めくら滅法」のように見え、先の動きの見当がつかない、というわけで、これは「無為」を装った「有為」なる技である。

こうしたややこしい例は除いても、世の中には我々のちっぽけな知性では理解できないことが多い。そしてそのことを、古人は「滅法」と呼び、常識や理解を超えた大いなる力として讃歎していたのだろう。

いろは歌では「有為の奥山」を越えれば「無為自然」あるいは「涅槃」の世界に至るが、じつはそこが「滅法」の世界でもあるのだ。

「めっぽう痛い」「めっぽう苦しい」などと、今ではずいぶん気軽に使われているが、考えても理解できない不可思議世界と、考えてもいない場合では話が違う。本当は、考えてもいないなら「めっぽう」など勿体なくて使えないはずなのである。

ふしだら

「ふしだら」といえば、主に男女関係に「だらしない」ことだが、この「だらしない」と「ふしだら」、なんだか似ていると思わないだろうか。それもそのはずで、この二つは仏教語にもよく見かける逆さ言葉の関係にある。「不しだら」と書けばわかりやすいだろう。この「しだら」を意味的にも反転させた言葉が「だらし」なのである。「だらし」ないからといって、必ずしも「しだら」がある意味にはならない。それは例えば、「いたいけな」と「いとけない」、あるいは「せわしい」と「せわしない」の関係を見ても理解できる。要するに「不しだら」と「だらしない」は、だいたい似たような意味なのだ。

それでは肝腎の「しだら」とは、いったい何か。これがもともとは梵語の「スートラ」(sūtra)だというから、ちょっと驚く。

スートラは漢字で「修多羅」と表記され、本来はネックレスやレイなどを貫く糸を意味する。これが中国では織物の縦糸である「経」と訳された。狭義には、細かな生活規則である律とは区別されるが、ここで「しだら（修多羅）」が意味するのは、双方を含めた生活上の筋や規則正しさのことだ。不修多羅とは、そのように律するもののない在り方、多《だ》羅修《らし》ないというのも同様の意味になる。「ふしだら」が主に男女関係に限って使われるのは、さすらいの挙げ句に自分だけの活きる場所を見いだしたということか。原義にさほどの違いはない。

逆さ言葉では、ほかに「坊主等」を逆さにした「ずぼら」がよく知られる。つまり坊主にあるまじき人々「主坊等」のことだ。

どうも坊主は「ずぼら」もいけないし「だらしない」のも許されない。「ふしだら」などモッテノホカということのようだ。

こういったプレッシャーに反発したのだろうか。お寺生まれの植木等《ひとし》さんはクレイジー・キャッツと共に「スーダラ節」を歌った。作詞は青島幸男氏だが、「ちょいと一杯のつもりで飲んで／いつの間にやらハシゴ酒〜」。歌のタイトルも含め、これはスートラがさすらって「だらし」なくなっていく様子を「スイスイ　スーダララッタ」とスキャットで示した痛快な歌なのである。

ご開帳《かいちょう》

本来これは、大切なご本尊などを実際に拝む機会を設けることだが、どうも近頃はストリップ劇場でもお馴染みのようである。

たしかにアレも大切なご本尊なのだろう。しかし大切ならば、そう簡単にご開帳してはいけない。一日何度もご開帳するのでは、有り難さも薄れるというものだ。

仏像の場合、十二年とか三十三年ごとのご開帳なども多く、長いものだと六十年に一度だけしか拝めないということもある。いや、それどころか、東大寺二月堂の十一面観音、長野善光寺の阿弥陀三尊、そして浅草の浅草寺の観音さまなどは、これまで一度もご開帳されたことがない。つまり、誰も直接拝んだ人がいないのに、あれほどの参詣客が集まりつづけているのである。

ここまで来ると、ストリッパーでは対抗できない。やはり永遠の処女、小野小町《おののこまち》くらいでないと力不足というものだろう。

それにしても、見られないことで有り難さが増すというのは、信心というものの不思議さである。そういえば小さな祠や お守りの中身も、昔から覗いては効果がなくなるといわれた。

ご開帳というやり方はインドには見られず、中国で唐代頃から始まる。日本では鎌倉時代から行なわれたようだが、滅多に見られないものが拝めるということで、それは集客や集金のための優れたシステムになった。

何年かぶりにその場でご開帳する「居《い》開帳」も、あるいは大勢で遠くまで仏像を運びだして行なう「出《で》開帳」も、なにか勧進の目的をもつことが多かったようである。そのため賑やかに縁日が立ち、場合によっては賭場も開かれた。それればかりに熱心な人は、賭場が開かれることとじたいを「ご開帳」と呼びはじめたようである。ご本尊から賭場の利益、そして女性の色香へと、ご開帳の対象はさすらっていったということだろう。

そういえば色町も、神社仏閣の近くには多い。共に「聖なる空間」として、人間の業を浄化する場所だったのだろうか。しかもそこでも大枚のお金が動いた。賭場だけは「聖なる空間」じゃないと思う方も多いだろうが、イカサマでない限り、そこでは貧乏人も平等にたまさかの僥倖《ぎょうこう》を受け取るチャンスがある。いずれのご開帳も、稀な光に出逢う通路なのである。

祇園《ぎおん》

祇園《ぎおん》といえば、もともとはインドにあった祇樹給孤独園《ぎじゅぎっこどくおん》の略である。これは孤児たちに食べ物を与える者の園という意味だから、そのような特別な森、誰もが入れる公園のような場所だった。そしてその頃の所有者は、ジェータ太子という王子さまだったのである。ジェータ太子はむろんのこと、誰でもそこへ行けば孤児たちに施すことができ、また子供たちもそこへ行けば誰でも食べ物の恵みに与《あずか》ることができた。

ところがお釈迦さまの熱烈な信者だったスダッタ長者が、この土地に目を付けた。なんとかお釈迦さま一行に定住してほしいと願い、この土地に黄金を敷き詰めて買い取り、「祇園精舎」と呼ばれる最初の建物と安居《あんご》地とを提供したのである。

こうした話を元に、京都に作られたのが祇園寺であり、その境内を鎮護したのが八坂神社だったわけだが、残念ながら明治初めの神仏分離令によって八坂神社に統合され、祇園寺はなくなってしまった。確かに祇園寺が存在したことは、今では『平家物語』の冒頭の

「祇園精舎の鐘の声」でしかわからなくなってしまったのである。

祇園寺という寺名は、もちろん原義を知ったうえで付けたのだろうから、当初は光明《こうみょう》皇后の悲田院のような志をもっていたのかもしれない。

ところが今の祇園には、孤児と布施者ではなく、酔客と舞妓さんや芸妓さんたちが溢れている。これもさすらいと言えばさすらいだが、どこか似たような雰囲気を感じることも確かだ。

そういえば日本の祇園も、当初は社会にうまく馴染めない人々を保護しつづけた場所だった。人の死を知らせる鐘の音も、きっと世の中とは別な価値を響かせていたのだろうし、またよく知られるのは舞妓さんや芸妓さんたちの筋金入りの口の堅さだ。そこは単なる遊里というより、社会に馴染めない人々でも平然と匿《かくま》える避難所であったのではないか。

インドの祇園と京都の祇園を比べると、どうも京都のほうはお金がないと行けそうもない。社会に馴染めず、しかもお金のない人は、東京の上野公園や大阪の長居公園などでブルーシートを張って暮らしている。しかしこの社会に馴染みにくい人々とお寺とは、当初から深い関係にある。そのことを、我々僧侶は忘れてはならないのだろう。

III

三千大千世界《さんぜんだいせんせかい》

日本人の女性には、よく三千子さんとか三千代さんという名前を見かける。どうして三千なのか、といえば、やはり仏教の三千世界、正確には三千大千世界《さんぜんだいせんせかい》から来ていると思うしかないだろう。

仏教の宇宙論では、須弥山《しゅみせん》という山を中心に四つの大陸があり、九山八海があってそこに日月星辰《にちげつせいしん》が巡っている。これが一世界で、その千倍が小千世界、そのまた千倍、つまり一世界の百万倍が中千世界、その千倍、つまり十億「一世界」を大千世界と呼ぶ。

だいたい、一世界でさえ地球から宇宙への眼差しも含むのだから、その十億倍など見当もつかない。見当もつかないほど大いなる女性になってほしいと、親は「三千子」や「三千代」とつけたのだろう。むろん「三千男」や「三千蔵」だってかまわない。

神道の八百万《やおよろず》の神の場合、そのすべてに名前があるわけじゃないが、仏教はこの三千世界のそれぞれを統括する三千仏に名前をつけてしまう。この辺が、仏教の「まことしやかさ」と言えるだろう。名前をつけた途端、それはなんだか実在を感じさせ、方便ではあっても、現実的になってくる。

天台宗には三千仏礼拝という苦しい行があるが、これも名前があるからこそ続けられるのだろう。

うちのお寺にも一幅、三千仏の名前を記した掛け軸がある。一仏書いては香を焚き、礼拝しながら書き綴ったものだが、十二月八日から十三日まで、五日以上かかっている。これは大分県のお寺の和尚が、自分の弟子を東国のこの寺に向かわせるに当たり、その無事を念じて書き上げたものだ。軸の幅が二メートルもあるから、おそらく無事こちらに着いてから表装したのだろう。

三千の仏は、自分の外側の大千世界を司っているはずだが、じつは内面の時間の広がりも支えている。過去千仏、現在千仏、未来千仏、つまりそれは集合的無意識も含んだ心の運動範囲ということだ。これが一仏国土という単位で、阿弥陀や薬師の浄土はその外側にある。

方便と知りつつ三千仏を念じているうちはいいが、これらの多くを守護霊や地縛霊などに任せるようになると仏教ではない。三千子さん、三千代さん、ご用心、ご用心。

女郎《じょろう》

女郎《じょろう》といえば今では遊女の蔑称と思われている。しかしこれも、元を辿れば仏教語の上《じょう》臈《ろう》なのだから、ずいぶんさすらったものである。

我々僧侶の世界は、俗世での社会的地位などと関係なく、僧侶になってからの年数で基本的には上下が決まる。得度してからの年数を法臈《ほうろう》といい、ちなみに私の場合は小学五年生のときの得度だから、法臈五十五年あまり、ということになる。

道場でも、長年そこに居る僧侶は地位も上がり、安居と呼ばれる修行期間も数多くこしているから、上臈の僧と呼ばれる。能力の高低とは関係ないから、ややこしいようでもあるが、基本的にはこれ以上ないほどシンプルなルールである。

この習慣が宮中にも取り入れられ、女官のなかで上席の者を上臈と呼ぶようになった。『平家物語』『平治物語』あるいは『宇津保物語』などにもこの手の上臈がよく登場する。ついでに申し上げれば、女房という言葉も、元は貴族女性への尊称だったのが、いつのまにか世にゴマンといる存在になった。
いや、しかし、ここからがダイナミックなさすらいである。貴いあなた様がキサマにな
り、おん前がオマエになったように、上臈はとうとう女郎になってしまったのである。こ
れはどうしたことだろう。
思うに、世の中には聖なる存在と賎なる存在を一気に繋げてしまおうという思考回路が
あるのではないだろうか。
平安時代の白拍子も、あるいは北朝鮮の「よろこび組」にしてもそうだが、超エリート
で教養もあり、芸事にも長けた優秀な人々なのに、どこかに蔑《さげす》みの感情が混じるような気
がするのは、私だけだろうか。
そのような女性と、肌を接してみたいと思う願望が結晶すると聖女と化し、彼女の優し
さがそれを叶えさせてあげると、男どもは急につけあがって女郎呼ばわりする。そういう
ことだろうか。西洋ではマグダラのマリアに似たような印象を受ける。
なんとも情けないようなさすらいだが、きっと女性にも問題はあるに違いない。契りを
結んで安心しすぎ、大口をあけて寝てはいなかったか……。

お陀仏《だぶつ》

ああ、あいつもとうとうお陀仏だよなぁ、などという。

むろん実際に死んでしまった場合もそう言ってかまわないが、たとえば大きな失敗などをして、死んだも同然、という場合にも使う。

ご想像どおり、「お陀仏」とは「阿弥陀仏」のこと。やはり死への導きは阿弥陀仏におすがりするのが一番、ということから、死や、死んだも同然の事態まで「お陀仏」と呼ぶようになったのだろう。

死ねば「ほとけ」になる。ほとけといえばやっぱりお釈迦さまじゃないか、ということから、「お釈迦になった」などとも言う。じつに困った流用である。

これは人間の死の場合よりも、むしろ道具類などがダメになったときによく使われる。人もモノも、死ねば「ほとけ」の世界に行くという認識は、仏教的で、悪くない。

しかし初めて「お釈迦になった」と聞いたときには、釣りに行って「ボウズだった」と言われたときと同じくらいショックだった。ところがよくよく考えると、お釈迦は「ダメになる」ことじゃなく、成仏の象徴なのだろう。長年使った道具なども使い切って成仏するならお釈迦さまも喜ばれるのではないだろうか。

釣果のないことをなぜ「ボウズ」と呼ぶのかは不明だが、結果的にたまたま「不殺生《ふせっしょう》戒《かい》」を守ったのだと私は解釈している。

ところで阿弥陀仏はアミダクジにもなり、「お陀仏」にもなり、またお釈迦さまも坊主も以上のようにさすらったわけだが、あまり知られていないのがお題目の変身である。「おだをあげる」というと、周りの理解に関係なく勝手に盛り上がっている状況だが、これは「お陀仏」ではなく「お題目」が起源だ。

お題目、つまり「南無妙法蓮華経《なむみょうほうれんげきょう》」という音は、繰り返し唱えていると周囲のことなど関係なくなってくる。それこそが三昧《さんまい》（禅定）だから、べつにそれ自体は悪いことじゃないのだが、状況によっては独り三昧になられたら困るだろう。だから、そこらでおだをあげてないで、ちゃんと話し合わなくちゃ、ということになったのである。

阿弥陀さまもお題目も、さすらうと宗派を離れるのがいかにも日本らしい。

砂糖《さとう》

いったい砂糖がどうして仏教語かと、訝《いぶか》しむ顔が見えるようだ。

しかし砂糖じたい、奈良時代に鑑真《がんじん》によってもたらされたと言われ、仏教とはもともと縁が深い。しかも砂糖を世界で最初に創ったのがインドであるため、「砂糖」という言葉もサンスクリットの「シャルカラ」(śarkara) あるいはパーリ語の「サッカラー」(sakkharā) に由来するとされる。

むろん、「砂糖」は漢語だから、中国での造語である。これはよくある梵漢合成語といって、音写語と意訳語がくっついたもの。つまりシャルカラから「砂」という音だけをいただき、後ろについた「糖」は意訳である。昔は「沙糖」と表記したらしい。

ちょうど「禅定」と同じ構造といえばわかりやすいだろうか。つまり「禅」は「ディヤーナ」の音写である「禅那」から「那」が落ちたもの。それに意訳語の「定」がくっついたのである。

そんなことはともかく、この「砂糖」のさすらいぶりは凄まじい。今ではテンサイやメープル、ある種の椰子《やし》やモロコシからも作るが、当初の砂糖の材料はあくまでもサトウキビだった。その原産地は南太平洋の島々で、植物じたいは東南アジアを通ってインドに伝わったとされる。インドにはすでに紀元前二千年に砂糖が使われていた記録がある。これがインドでの呼び名と共に、主にアラビア人によってペルシャ、エジプト、中国へと伝わったというのである。じつは英語の「シュガー」(sugar)も「サッカリン」(saccharin)もインドの言語からの派生語なのである。

だいたい「S」という形は、もともと口の中を通る息の形である。舌を通過する風を象《かたど》り、さらさらした状態を意味しやすいのだ。日本語にはその辺の統一性がさらに強く、「さらさら」「そよそよ」「そわそわ」など、いずれも空気の動きを感じさせる。そういえば「さすらい」もそうだ。「サッカラー」だと、この「さ行」のほかに「か行」も加わるから、固形物の印象が出る。さらさらした粒状のものであることが、音からもわかるのである。「サッカラー」も「シュガー」も、見た目の印象であって、舐めた甘さは関係ない。舐めて甘いから「糖」と意訳し、さらに見た目も加えて「砂糖」とした中国人のやり方はじつに見事というしかない。

台無《だいな》し

台無しの台がなぜ大じゃないのかと、思ったことのある人もいるのではないだろうか。つまり「だいなし」と耳で聞いた場合、大いにダメというふうにも聞こえかねない。しかしそれではこの言葉のさすらいの跡が、台無しになってしまうのである。

台無しの台は、本来は仏像が置かれた台座のことだ。どんな仏像もたいてい台座とセットで我々は拝んでいる。ほとんど一体のものとして見ているわけだが、たまたま火事などに遭うと台座や光背までは運びだせず、本体だけになってしまうことも多い。

うちのお寺でも江戸時代に火事に遭ったとき、本尊さまや観音さま本体は無事運びだしたものの、台座と光背は本堂もろとも燃えてしまった。本尊の釈迦如来座像のほうの台座はまもなく新添《しんてん》されたが、観音さまは台無しのまましばらく本堂の一角に安置されていたらしい。

実際にそのときのお姿は拝見していないのだが、今でも掃除などのため台座からおろしてみるとすぐにわかる。仏像というのは、台座からおろしてしまうとやけに子供っぽく見えて、迫力がなくなってしまうのである。

おそらく目線の影響が一番大きいのだと思う。どこから見上げた場合に最も威厳を具え、悠揚迫らぬ眼差しになるのかがちゃんと計算されて台座に載っているため、台無しの仏像はなんだか俯いてしまい、自閉的にさえ見えてくるのだ。

きっと仏像を盗む場合もそうだろう。見上げて立派だと思い、台座は重すぎるから本体だけを盗んではきたものの、隠れ家に持ち帰って拝んでみるとそれほど立派にも見えない。まして翌日朝の光で眺めれば全く別な顔つきになるだろう。あれはやはり、下から蝋燭の炎に照らされているお姿、眼差しにその炎の映った状態こそが素晴らしいのだ。

「なんだよ、台無しじゃねえか」

泥棒の身内だってそんな悪態をつくに違いない。

何の役に立っているのかわからない代物でも、それがなくなったら台無しになるものはいろいろありそうだ。あなたの台は、何？

つっけんどん

江戸の昔、「慳貪屋《けんどんや》」と呼ばれていた飲食店があった。主に酒やうどん、蕎麦、飯などを一杯ずつ盛り切りにして売る店で、今で言えば一膳飯屋。こういう店では、盛り切りの商品を渡してしまうと商売が終わったように感じたのだろう。どうにも愛想がなく、態度が悪かったらしい。だからこそ仏教語の「慳貪」をつけて、「慳貪屋」と陰で呼んだのである。

「慳貪」とは物惜しみして貪《むさぼ》ること。いわば人間の三毒と呼ばれる「貪《とん》・瞋《じん》・痴《ち》」の筆頭である。「貝」つまり財物に蓋をして出し惜しむのが「貪」だが、こういう商売が永く続くはずもなく、やがてその態度は「つっけんどん」だと非難され、自ずから家運の衰退を招き、「慳貪くずれ」だと嘲笑されたらしい。

突っ慳貪はむろん「慳貪」に接頭語がついたわけだが、突っ「つく」とか突き「飛ばす」などにも共通するとげとげしさ、不親切でせわしない様子が目に浮かぶ。結局、自分の目先の利ばかりを追うからそういう態度になってしまうのである。

「貪」に似た文字に「貧」があるが、こちらは貝（財）を「分」けるのだから全く違う状況である。皆に分けた結果「乏《とぼ》」しくなってしまうのが「貧乏」だから、これはむしろ自慢してもいいくらいだ。

道元禅師は、仏道修行をしたいなら、まずこの「貧」を学ぶべきだとおっしゃっている。稼いだ財を皆に分けていれば一旦は貧乏になるものの、その恩義を誰もが汲み取り、やがてどうしようもなく富んでくることになる。

逆に、手許の財にしがみつき、我利《がり》我利《がり》物惜しみして「つっけんどん」にしていると、結局は手許の財も離れてゆき、「慳貪くずれ」という惨《みじ》めな状態になってしまうのである。

いわゆる「つっけんどん」な態度が、必ずしも財を求める気分とは限らないこともある。しかしその場合でも、時間を惜しみ、テマヒマや慈悲を惜しんでいるのは確かだろう。ものを惜しめば餓鬼道に堕ちるといわれる。特定の人にだけ親切、というのも愛情を惜しんだ罪で間違いなく餓鬼道行きだから、ご注意いただきたい。

爪弾《つまはじ》き

標題を見て、なかにはギターなどの「つまびき」と思う方もいるかもしれない。しかしここでは「つまはじき」と読む。

今ではこの言葉、気に入らない人を除《の》け者にして避ける意味で使われるが、もともとは密教の呪法である「弾指《たんじ》」から来ている。正式には拇指《ぼし》の腹に人差し指を弾き、パチンと音をたてることで邪を払う。中指ならともかく、人差し指で音をたてるのはけっこう難しい。

初期仏教の頃からの習慣らしいのだが、正確なことは分からない。

道元禅師は『正法眼蔵《しょうぼうげんぞう》』にわざわざ「洗浄」の巻を設け、東司《とうす》（トイレ）の使い方を微に入り細にわたって解説してくださっているが、そこにもこの弾指が出てくる。

我々にとっては、トイレだけは安息の場であり、誰にも邪魔されない個人的空間だろう。しかし禅師は、そこでの行為こそ「仏国土」を浄めることだとおっしゃる。弾指の意味合いについては書かれていないが、それはノックの意味ばかりでなく、主に油断して魔が差すのを防ぎ、行為への集中を促すのだろう。

水桶を所定の位置に置いたのち、便槽《べんそう》に向かって立ち、左手で拳をつくって左の腰につける。それからおもむろに右手で三度弾指するのである。

雑念や邪魔を払うこの弾指にも、たしかに初めから何者かを寄せつけず、追い払おうという意図があった。それが安易に嫌な相手に向けられ、「爪弾き」になったのだろう。弾指が逆転した「指弾」は、爪弾きよりもさらに積極的に攻撃する感じがあるが、これもやはり「弾指」から近代になって派生した。

そういえば、罰ゲームなどで今も行なわれる額への指パッチンも、爪弾きの一種だろうか。パッチンすることで爪弾きせずに済ますのだと考えることもできる。しかし言葉の発生を考えると、あの行為こそ爪弾きの原型で、精神的な「爪弾き」は後から出てきたように思える。

いずれにしても、弾指本来の意味は我が身を清浄に保つことなのだから、人を爪弾きすることはむしろ逆に身心を汚染することだと知るべきだろう。

爪弾きするくらいなら、ギターでトレモロの練習でもしたほうがいい。

あまのじゃく

あまのじゃくは、人の助言や意見に素直に従わず、わざと逆らうような者をいう。民間説話などでは徹底的な悪者ではないが、厄介な存在として描かれることが多い。

通常は「天の邪鬼」と書く。四天王などの足下に、踏みつけられた姿が有名である。ご本尊を守るために東西南北に配されている守護神が四天王だが、その四天王が手こずっているのだから相当に厄介である。

たとえば彼のためを思い、右へ行ったほうがいいよと忠告しても、彼はそれを聞くと逆に左へ行こうとする。そんな相手にはどうすればいいのだろう。

じつは簡単である。そうしてほしいと思う逆のことを、初めから言えばいい。勉強してほしければ遊びなさいと言う。帰ってきてほしければ帰ってくるなと言う。北に行ってほしいなら南に行けと言う。

なんだか昔の頑固親父にもこの「あまのじゃく」タイプは居たように思うが、反対のことをするとわかっているのだから、最初から逆のことを言ってしまえばいいではないか。

ところがこれが案外難しい。我々は言葉をそう気軽に使える生き物ではないし、まして四天王は自らを正しいと思い込んでいる。性急に、正義の意識であまのじゃくを踏みつけるのである。

昔は「死んじまえ、ばかやろう」と言われて「なにくそ」と発憤し、「あんたなんか出てけ、この役立たず」と言われても飲み続ける親父が大勢いた。相手が元気に否定すると思い込んでいるからこそ、極端なことも言えたのではないだろうか。

しかし今は、こうした悪態に愛情を込めたと言っても恐らくは理解してもらえないだろう。すぐに人権蹂躙《じゅうりん》、などという話になる。

あまのじゃくがいるからこそ極端な言い方もできた。鬱憤を晴らすような言葉も、自然に吐けたのである。

思えばあまのじゃくこそが、日本文化に深みを与えてきたのではないか。どんな考え方も、全員が賛成するようでは気味が悪い。あまのじゃくがいることで、我々の文化は柔軟に深まった。じつはあまのじゃくのほうも、踏みつけられてエネルギーを得ているのではないか。

けげん

「けげん」は通常「怪訝」と書く。怪《あや》しく訝《いぶか》しいということだ。しかしこの熟語、じつは「怪訝」の文字が先にあったのではなく、「けげん」という音が先だったらしい。

本来は本地仏が人間のまえに仮の姿に変化して現れるのを「化現《けげん》」と云い、たとえば地蔵菩薩が閻魔大王になったり大日如来が不動明王の姿をとったりする。しかしそういった理屈はなかなか実感にはなりにくい。そこで驚いて怪しみ、訝しむような現象ぜんたいを「けげん」と呼ぶようになり、そのような意味を写し取れる文字を探したところ「怪訝」になったということらしい。怪訝に思うかもしれないが、本当のことだ。

「化現」は本地垂迹説《ほんじすいじゃくせつ》を補強する重要な考え方でもある。「権現《ごんげん》」という表現もあるが、この場合は「権《かり》」に「現れた」意味になる。

本地垂迹説とは、異国から流入した仏教が日本で受容されるに際して非常に重要な論理になるのだが、要するに身分の高い仏さまは民衆と直接触れ合えないため、これまで皆さんが慣れ親しんできた神さまこそがあの仏さまたちの「化現」だというのである。

思えばこれは、「一見《いちげん》さんお断り」の店に、常連のAさん（神さま）の先輩だと紹介されてBさん（仏さま）が行くようなものだ。気持ちよく飲めることこの上ないに違いない。

しかし、紹介者のAさんがいくら良い客でも、結局はその「化現」としてのBさんが良い客でなくてはやがて愛想を尽かされてしまうだろう。だから「化現」であっても「けげん」なことをしてはいけないのである。


それにしても、地蔵菩薩は閻魔大王になり、大日如来は不動明王になる。優しい慈悲の仏が時に憤怒《ふんぬ》の相に変身するというのは何故なのだろう。

仏教がまず告げたいのは、人間は状況によっていかようにも変わる生き物であり、誰もが怪訝な顔にもなるし憤怒だって立ち上がってくるということだ。なんだ、仏さまも六道を輪廻してるのか、なんて思うかもしれないが、そうではない。特に教育のためには、方便として怒りを表すことも必要だということだ。「化現」は本来、千変万化。「怪訝」を超えて「憤怒」になっても全くOKなのである。

おっくう

なにが億劫《おっくう》かといって、仏教の時間の単位を覚えるほど億劫なことはない。たとえばこの「劫《こう》」という言葉、もともとはサンスクリットのカルパ（kalpa）の訳語だが、『大智度《だいちど》論《ろん》』巻五によれば、一辺が四十里（当時の一里は四百メートル弱なので、約十四キロメートル）の岩に百年に一度天女が降りてきて、その羽衣と岩との摩擦によって岩がなくなってしまってもまだ一劫には及ばないという。また別な喩えもあり、同じく四十里四方の城に芥子《けし》を充満させ、百年に一粒ずつそれを取り出して全部を取り出し終えてもまだ一劫には満たないのだそうだ。

一劫でさえこうなのだから、億劫となれば時間が長すぎて気が遠くなる。そんな先にしか結果がでないのでは面倒くさいしやる気にもならない。そこで億劫はそういう意味になったのだろう。「おっこう」が転訛して「おっくう」になった。

だいたい、百年のあいだには天女の羽衣より風雨のほうが岩を浸食しやすいだろうし、芥子粒だって虫に喰われたり腐ったりしてしまうと思うのだが、その辺はどうなのだろう。考えるのが億劫だから、とにかく膨大な時間であることだけでヨシとしよう。

さらにインドには「百千万億」とか「那由他《なゆた》」「阿僧祇《あそうぎ》」などという数量単位もあり、那由他は十の十数乗、阿僧祇は数十乗とされるが、経典には「百千万億那由他阿僧祇劫」なんてことも書いてある。

億劫がらずに一劫を計算した人があり、それによればおよそ四十億年くらいらしいのだが、それならこの「〜〜劫」は何年ぐらいなのか。さすがにここまで来ると厳密なのかいい加減なのかもわからなくなる。

しかし約七十五分の一秒とされる刹那からこの劫まで、とにかくインド人の考えた時間はミクロでもマクロでも恐ろしく幅広い。挙げ句に、彼らはゼロまで発見してしまったのだから恐れ入ってしまう。

明らかに、ゼロの発見と「色即是空《しきそくぜくう》」の「空」はどこかで繋がっているのだろうと思う。もしかすると、彼らは具体的な数値で表すには億劫すぎる現実を、すっきり表現するためにそれらを案出したのではないか。億劫がって何かを産みだした希有な例かもしれない。

説教《せっきょう》

本来は、仏教の経文《きょうもん》を説いてその教えを納得させることをいうが、そのうち経文など読んだこともないのに誰も彼も説教するようになった。以前は、近所の子供にでも説教するおじさんやおばさんが大勢いたものだが、最近ではさらに時が流れて、自分の子供や孫にさえ説教をしなくなった。さすらった挙げ句に、この言葉は今や死語になりつつあるのだろうか。

今でも仏教界では説教師という言葉を使うし、重要な仕事であることは昔から変わらない。清少納言も説教好きだったようだが、『枕草子』には「説経の講師《こうじ》は顔よき、講師の顔をつとまもらへたるこそ、其の説くことの尊さも覚ゆれ」などと勝手なことを言っている。つまり彼女によれば、じっと見守ってしまうほど顔がよくないと、話していることも尊くは聞こえないというのである。

しかしそうした勝手なご意見を恭《うやうや》しく聞き流し、ひたすら説教の工夫を続ける僧侶たちが昔からいたのだろう。説教をおもしろ可笑しく話すうちに落語が生まれ、また節をつけて語る工夫のうちに和讃が生まれた。そして近世には、いわゆる説経節（説経浄瑠璃）など、語り芸能の原型ともいえるものが発生し、流行していくのである。なんとしても聞いてほしいという情熱が、そうした芸術の一分野まで産みだしてしまったのだろう。

二〇〇七年に亡くなられた河合隼雄《はやお》氏は、説教についての名言を残されている。曰く「説教の効果はその長さと反比例する」。たしかに至言だと思う。

近所のおじさんやおばさんたちは説教をしなくなったが、しかし今でも会社などには長い説教をしたがる上司が多数生息しているらしい。いや、初めから長くするつもりではなく、自分の言っていることがなんとなく相手に届いていない、効果をあげていないとうすうす感じるので、繰り返したり駄目押しをするうちに長くなるのだと、河合先生は分析されている。これもまた、卓見だと思う。

芸と呼ばれるほどの細心な配慮と精進とが、正しいと思うことを語る場合にこそ必要だということだろう。そういう説教だけは、生き残ってほしいものである。

袈裟《けさ》

袈裟懸けとか袈裟斬り、などというと物騒だが、要は左肩から右脇下にかけて、という方向だけを意味している。袈裟にはこの「偏袒右肩《へんだんうけん》」という掛け方のほかに「通肩」という掛け方もあるのだが、これが許されるのは二十歳以上とか説法する場合といった限定がつく。

掛ける方向にはそのような共通性が残っているものの、しかし袈裟ほどさすらった物も珍しいのではないだろうか。

もともとは梵語でごちゃごちゃに入り交じった色合いを意味する「カーシャーヤ」からの音写語。それは粗末な端切れを縫い合わせた上着を意味した。全体がどうしても黄褐色の土の色に汚れていたため、「カーシャーヤ」は「黄褐色の」、という意味ももつようになる。汚れ穢れた布ほど珍重される風潮もあり、ついには糞掃衣《ふんぞうえ》と呼ぶことさえあった。

しかしこれも中国から朝鮮半島、そして日本に来るまでに、ずいぶん華麗な変身を遂げた。

いつのまにか色も様々になり、継ぎ合わせていないものも出てきたし、大きさも五条、七条、九条、十三条どころか、じつは二十五条まで登場した。我が臨済宗で通常着用するのは七条だが、それ以上は大衣《だいえ》と呼ぶ。縫い合わせた「切り混ぜ」は、導師のみが着ける、などという勝手な決まりもいつのまにかできてしまった。

こうした「切り混ぜ」のデザインは田圃にも見立てられた。やはりインドの言葉から中国で「福田衣《ふくでんね》」と訳されたのだが、その時点で、おそらくは五穀豊穣の願いが、仏教徒の基本的な願いにもなったのだろう。同じデザインを小型化したものが絡子《らくす》で、これを着けていれば大抵どこでも仏教徒として通用する。それがさらに儀式用に大型化したのが大掛《おおが》絡《ら》と呼ばれる代物である。

まぁそんな複雑な区別など、一般の方にはどうでもいいことかもしれない。一応、知っておいてほしいのは、日本の僧侶の服装が、じつにさすらいの挙げ句のものだということだ。日本の着物の上に中国の公務員の服装であった衣を着け、その上にインド伝来の袈裟を着けるのだから、仏教のさすらいをそのまま身にまとうようなものだ。

本来の姿からさすらいすぎた坊主を憎む場合、一番さすらった袈裟を憎むのは自然なことなのだろう。「坊主憎けりゃ袈裟まで憎い」……。

Ⅳ

利益《りやく》

最近は、無条件で「利益」という文字を見せられたら、たぶん「りえき」と読む人が多いに違いない。しかしこの言葉、「りやく」と読んだ歴史のほうが遥かに長いのである。

ご承知のように、「りえき」と「りやく」では全く意味が違う。

「りえき」は商行為によって人為的に得られ、誰かが損をすることで廻ってくるものだが、「りやく」は神仏からいただくのだから誰も損をしない。また「りえき」は予測したりもできるが、「りやく」は前もって保証はできない。

「利」も「益」もほぼ同様の意味で、「タメになる」ことである。自利と利他をバランスよく生きることが望まれるが、我利我利亡者になると「益体《やくたい》もない」奴だと批判されることになる。逆に天台宗のように「忘己利他《もうこりた》」などという理想主義的な目標を掲げると、あっというまに「もう懲りた」ということになりかねない。

主に自分の行為の結果として降りてきた利益を「功徳《くどく》」と呼び、見知らぬ人々の神仏への善なる行為による結果と思えるときに「りやく」と言う。

相手は神仏だから、そのお心は計り知れない。だからたとえばお経をよんだり布施をしたりという行為の結果が、いつどこに現れるかは不明である。それゆえ行為の結果は、自分に功徳としては降りず、利益として知らない場所の知らない人に廻るかもしれない。それでも自分はこの善なる行為をする、いや、それだからこそすると、仏教徒は覚悟するのである。

仏教徒にとっての因果とは、自分の行為を常に未来の功徳や利益の「因」と見ることで成立する。だからこそ、永劫という気の遠くなる未来や、同じく眼もくらむような過去も、仏道を生きるうえで初めて問題になるのである。世の中の現象を分析するために因果律を使うのは、単なる思考習慣というべきだろう。

お金が儲かり、病気が治り、良縁も成就するというように、軽々しく現世利益を説く宗教も多いが、これではまるで「りえき」である。誰かの功徳を横取りでもするに違いない。「りやく」とは、「りえき」を忘れた無私の心に、ふわりと蝶のように舞い降りる余禄《よろく》ではないだろうか。

藪《やぶ》と野暮《やぼ》

「藪」医者といい、また「野暮」な奴という。まさかこの二つが同じ語源だなんて、誰も思わないだろう。ところがどっこい、そのまさかなのである。

にせ者とか半可通などは、とにかく学ばずに「一つ覚え」で通用させようとする。これが中国で「田野《でんや》の巫師《ふし》」(田舎の占い師)のようだと言われ、やがて短縮形で「野巫《やぶ》」と蔑まれることになる。天台智顗《てんだいちぎ》の『摩訶止観』では、学や行の劣る者、あるいは特に禅僧でモノを学ばない人を「野巫」と呼んでいるから、私も注意しなくてはなるまい。ともあれこの「野巫」が日本に伝わり、「藪」と「野暮」の共通の祖先になったのである。

同じ祖先から、チンパンジーと人間が分かれたように、同じ「野巫」から「藪」と「野暮」に変化し、片や駄目な医者専門に形容し、もう一方は「野暮ったい」「やぼ助」などとくだけながら、より広い範囲を受けもっている。いずれにしても貶《けな》し言葉だが、さすらううちに分化した珍しいケースといえるだろう。

藪医者の起源ともいえる「藪くすし（薬師）」という表現は、鎌倉時代中期には登場している。「藪」と「野夫」が混在しながら、やがて「藪」に一本化される。「藪」も「野暮」もむろん当て字だが、しかしなんと当て字がうまいのだろうと驚く。藪といえばハチャメチャな感じがそのまま伝わってくるし、野暮もじつにやぼったい。ちなみにアメリカのブッシュ元大統領の「ブッシュ」も訳せば藪になるが、これは特に関係はない。

もともと「野巫」じたい、一つ覚えで臨機応変できない人のことだから、藪医者にも野暮な奴にも原意は残っている。仏教が特に大切だと考える「応変力」が、双方ともないのだ。

最近はしかし「藪」も「野暮」もわかりにくくなってきた。

大病院には設備があるから人気があるが、機械が「藪」を隠してしまうことも多いだろう。野暮に至っては、国をあげて野暮になっている気さえするのだが、如何だろう。入国するすべての外国人の写真を撮り、あまつさえ指紋まで採るというのは、どう考えても粋とはいえない。しかし犯罪の多い社会じたいが野暮なのだから仕方あるまい。

応変力に自信がないと、一律に縛るしかなくなる。それこそ人情の機微を無視した「藪から棒」で「野暮ったい」「野巫」のようなやり方ではないだろうか。

ゴタゴタ

ゴタゴタが仏教語だなんて、私も嫌だが、どうもこの言葉、仏教どころか私の属する臨済宗の、兀庵普寧《ごったんふねい》という禅僧に由来するらしい。

文應元年（一二六〇）、兀庵和尚は祖国中国のゴタゴタを避けて来日する。初め博多の聖福寺に住し、そこから上洛して京都の東福寺に入るが、当時臨済禅に多くを学んでいた北条時頼《ほうじょうときより》の招きにより、鎌倉の建長寺《けんちょうじ》に第二世として入寺することになる。ちなみに建長寺第一世つまり開山和尚は、やはり中国から来朝した蘭渓道隆《らんけいどうりゅう》禅師だった。

禅の教えは、世間から見れば非常識と思えることも多い。兀庵和尚がどのような問答をしていたのかは知らないが、たとえば私のいた道場でも、「是《こ》の法は平等にして高下《こうげ》有ること無し。さて是の法とはいったい何だろう」なんて問答をふっかけられたものだ。

平等な法というのは何なのかと、問答のたびに考えて答えを持参するのだが、どうにも透《とお》していただけない。老師はただ鈴を振るだけ、という日々が続くのである。

私は苦労の挙げ句、とうとう透していただき、豁然《かつねん》たる気分を味わったものだが、人によってはなかなか透らず、いらいらして批判的な愚痴を言う者も出てきたのではないだろうか。

「まったくゴッタン和尚は難しい。何を言っても透してくれない」

そのうち誰言うとなく、難しく厄介なことに出遭うと「ゴッタン和尚みたいだ」「ゴッタン、ゴッタンしてるね」なんて言いだし、やがてそれが「ゴタゴタ」に縮まったというのである。ウソみたいな話だが、どうやら本当らしい。

五年後、時頼公が亡くなったあとの幕府のゴタゴタに嫌気がさしたのか、ゴッタン和尚は中国に帰ってしまう。そして「ゴタゴタ」という言葉だけが残ったのである。

本当は、禅の考え方はじつにスッキリしていて、世間のほうがゴタゴタしていると思うのだが、人の見方はどうにもならない。禅問答はまた「チンプンカンプン」などともいわれるが、これは長崎の人が中国人の話す言葉を聞きかじり、「よくわからない」という意味で使ったらしい。こちらは語感が明るいだけ、まだマシか……。

ご馳走《ちそう》

昔から修行道場では、トイレ掃除は新入りの仕事だが、食をあずかる典座《てんぞ》さんのトップは必ず熟練の修行者を割り当ててきた。修行者全員の命をあずかる重要な仕事だと認識されていたからである。

台所のすぐ近くには、たいてい韋駄天《いだてん》尊者という仏像が祀られている。どこのお寺でも、いただいた食材や食べ物はまず韋駄天さまにお供えし、それからありがたくいただいたり調理したりするのである。

韋駄天という方は、とても俊足の神さまらしく、お釈迦さまの遺骨のなかから歯が盗まれたときも、追いかけて取り戻したという逸話が伝わっている。その俊敏な動きで、新鮮な食材を遠くからでも求め、豊かで安全な食事を提供する。少なくとも、台所をあずかる典座さんには、そのような心構えが必要だということだろう。

台所にはまた大黒さまが祀られることも多い。本来はヒンドゥー教のシヴァ神の化身だが、日本に来ると大国主神《おおくにぬしのかみ》とも結びつく。ネズミと一緒に米俵に乗ってしまうのだが、もともとは韋駄天と同じようにインドの軍神である。

戦《いくさ》で活躍する勇ましい二人が台所に祀られる。なんだか不思議に思えるかもしれないが、実際、食材の調達から調理、配膳などの現場は、一瞬のタイミングを争う鉄火場である。熱いものを熱いうちに出すという当たり前のことに、必死に汗を流すのが台所の人々ではないだろうか。

そのように、駆け回り、走って準備した人々に対するねぎらいと感謝の言葉が、ごく自然に「ご馳走さま」になった。この言葉は、それからさほどさすらうこともなく、同じように使われているが、やはり原義に対する想像力はなくなってきている。

最近では駆け回って材料を揃えるといっても、近所のスーパーまで慌てて走るのが関の山。そして急いで買ってきた餃子《ぎょうざ》に農薬が入っていたりするのだから「ご馳走」とは程遠い。

食料品の自給率が下がるほどに、ご馳走率は下がるのかもしれない。むろん外国も含め、どこかで誰かが走ってはいるのだが、できるだけ身近な人々に走ってもらったほうがご馳走だし、思わず「いただきます」と奉り、感謝せずにはいられなくなるはずである。

出世《しゅっせ》

ふつう「出世」と聞けば、係長から課長になり、さらに部長になったりすることだと思うだろう。しかし本来の出世とは、逆にそのような世俗のしがらみを離れ、仏道の世界に入ってしまうことを言った。もとより「入る」と「出る」は視点の置き場次第ですぐにも逆転するわけだが、これほど反対方向にさすらった言葉も珍しい。

本来、「出世間《しゅっせけん》」と訳された梵語の「ローコッタラ」(lokottara)は、仏がこの世に出現することを意味した。しかし「出世間」が「出世」と短縮されるに及び、お寺の住職になることも「出世」と呼ばれ、代々の住職は第何世というふうに「世代」で数えられるようになる。世間を出て出家してはみたものの、こちらにはこちらの世間があったということか。

おそらくこれは、出世と短縮されて以後、本義から転じた要素もあるのだろう。なぜなら、「世を出る」も「世に出る」も、中国では同じく「出世」と書くからである。基本的には、本来「世を出る」だったものが、やがて「世に出る」意味に変質したということだろう。

しかし仏道に入って世間から出たとしても、特に大乗仏教ではもう一度世間に戻って衆生《しゅじょう》を救済しなくては意味がないと考える。その場合は、特に「出出世間」と表現する。いったん本来の意味で出世した人が戻るのだから、そのまま世間にいつづけるのとは違う。その違いが非常に仰々しく表現されるのである。

世間と出世間ではそれぞれルールが違う。

本来は、その違ったルールゆえに二つの世界が補い合って重層的な社会を構成していたのだろう。

たとえば世間では罪人とされる人も、出世間に逃げ込めば助けてもらえる。それが中世の「アジール」と呼ばれる思想である。治外法権をもっていた寺社などの、緊急避難所としての役割がそれであった。

今はおしなべて、世界は一律の基準で判断されつつあるが、これほど貧しいことはない。

世間と出世間の区別はますます曖昧になってきているが、せめて「貧」を軽蔑する世間と、「貪」を軽蔑する出世間の違いくらいは保持していたい。

自由《じゆう》

現代人のとても好きな言葉であるが、最も古い用例は『後漢書《ごかんじょ》』にあり、今と同じようにselfishの意味で用いられている。それなら何も変わらないじゃないか、と思えてしまうが、そうなったのは明治時代にfreedomやlibertyの訳語に選択され、先祖返りしたからで、その中間にあたる時代にはまったく違った意味で用いられたのである。

仏教語としての「自由」の始まりは、サンスクリットの「スヴァヤン」(svayam)あるいは「スヴァヤンブー」(svayambhū)の訳語に選ばれたことだった。これは独立自存たる「さとり」の境地を意味するから、勝手気ままとはエライ違いである。

さらに中国唐代の慧能大鑑《えのうだいかん》(六祖)がこれを一歩進める。『六祖壇経《ろくそだんきょう》』には四例見えるが、去来《こらい》自由、来去自由のほかに「自由自在」の語句も登場する。一例では「去来自由にして無滞無礙《むげ》、用に応じて随《したが》って作《な》し、語に応じて随って答え、普《あま》ねく化身を見《あらわ》して、自性を離れず」とあり、まるで観音さまのようである。

　こうして七世紀初めに禅語として登場した「自由」は、やがて八世紀も末になると南泉《なんせん》普願《ふがん》や百丈懐海《ひゃくじょうえかい》を得て、どんどん賞揚される。「自由の分」つまり自由な境涯を得ることが、禅僧としての究極の達成という雰囲気になってくるのである。『碧巌録《へきがんろく》』には「大自在」まで登場してくるが、こうして表現が変化してくるのは、初めに措定した「自由」がどんどん固定化して不自由になるからだろう。

　もとより仏教では、あらかじめ存在する「自」など想定してはいない。尊ぶという思念のなかにいつしか立ち上がってくるのが「自尊」であり、何につけても「おのずから」「由る」ことができれば、それこそが「自由」ではないか。自己とはこういうものだと、現在のように予め措定することほど不自由なことはないのである。

　いずれにしても、禅語としての自由は、「自由自在」と言うときにのみ、わずかに生き残っているような気がする。

　鈴木大拙翁は「自由」を英訳するとき、freedom でも liberty でもなく、self-reliance と訳した。気持ちは分かるがこれはいかにも西洋的で、「自」は「みずからに」ではなく「おのずから」と読むのが文法的にも正しい。

一大事《いちだいじ》

「親分、て～へんだて～へんだ、一大事だ」と、八五郎は銭形平次《ぜにがたへいじ》のところに駆けつけ、おかみさんに窘《たしな》められつつ水など勧められるわけだが、この「一大事」という言葉も元々は『法華経』方便品《ほうべんぼん》に出てくる。「諸仏世尊《しょぶつせそん》はただ一大事因縁をもっての故に、世に出現す」というのがそれである。

本文を続けて読むと、一大事の因縁とはいったい何かが述べられるが、それによると、「衆生をして仏の知見を開かしめ、清浄なることを得せしめる」こと。ただそれだけのために、世尊は此の世に現れたのだと強調されている。

それだけといっても、八五郎の持ってきた一大事よりも遥かに一大事であることは間違いない。要は究極の救済の問題である。

禅ではより主体的に、「生を明らめ死を明らむるは仏家一大事の因縁なり」と自らに引き寄せるが、どんな一大事も聞く人が一大事だと思えなければ教えを聞く気にもなれない。

　そのとき霊鷲山《りょうじゅせん》には全部で何人ほどの聴衆がいたのか、詳しく計算しないとわからないが、とにかく菩薩・摩訶薩《まかさつ》だけで八万人はいたらしい。代表して智慧第一の舎利弗《しゃりほつ》がその教えを三度まで請う。しかし世尊はなかなか話しださない。すると世尊がその一大事を説きだすまえに、五千人が礼拝しながらも立ち去ってしまう。

　方便品では、そのように立ち去る「縁なき衆生」も含めて、諦めずにさまざまな方便を用い、気根や因縁や能力に応じた救済の必要が諄々と説かれるのである。

　時が到り、因縁が熟さなければどんな教えも耳には届かないし、一大事とさえ思えない。なにしろ『法華経』じたい、仏が教化するのは菩薩だけだと明言している。しかしそれでも方便を使って縁をつくり、諦めずに菩薩までの道程を引導してゆく覚悟こそ大事だと、方便品の世尊は訴える。

　おそらくは、そこに白隠禅師も感動したのだろう。四十二歳の秋、こおろぎの鳴き声を聞きながら『法華経』を読んでいた禅師は、方便品を終えて譬喩品《ひゆぼん》にさしかかったとき号泣したという。一大事を心底諒解したのではないか……。

老婆心《ろうばしん》

以前、「老婆心ながら」と断ってモノを言おうとしたら、「お節介なのは爺さんも同じだべ」とある老婆に突っ込まれてしまった。誠にもっともなご意見で、個人的には「老爺心」でもいいとは思っているのだが、どうも典拠によれば「老婆」ばかりのようである。

しかも出典は禅の語録ばかり。『無門関《むもんかん》』や『碧巌録』には、じつに不敵で禅を心得た老婆が、あちこちに登場するのである。「老婆心」はしかし老婆の心とは限らず、指導者がそのように手取り足取り弟子たちを指導する譬喩としても用いられる。「老婆心切」という言い方もあるが、これはお節介も含めた熱意あふれる切実な指導のことである。

しかし修行中の気づきは印象的で衝撃を伴うほど、換言すれば忘れられないほどいいとされる。だから禅門では「深切」という言葉も使う。その観点からは、あれこれ手を尽くすことでかえって印象を弱め、驚きを奪ってしまうことが却って修行を邪魔することになる。前触れもなく、突然経験したほうが印象的に決まっているではないか。そこで「老婆心」は、すぐに「余計なお節介」という意味を含むようになるのである。

老婆心ながら申し上げますが、と本当に思うなら、申し上げないほうがいいのである。たしかに爺さんよりは婆さんのほうが、加齢によっても口数は減らない気がする。何年かまえの統計だが、妻に先立たれた夫の余命は、平均二年。夫を見送った妻の余命は、十七年とあるのを見て、愕然とした。単に平均寿命を比較しても五年以上は違う。これではたしかに「老爺心」など発揮する間もなく、永久に静かになってしまう道理だ。

武士道の影響もあるのだろうか。余計なことと思ったら、男は黙ってしまう。しかし、そんなことでは黙らないのが老婆なのだろう。昔から、嫁・姑の問題は古今東西どこにでも伝わっているが、婿と舅、あるいは嫁と舅との関係はあまり取りざたされない。

しかし「老婆心」という言葉の問題は、そういう大袈裟な問題ではない。要は老爺である禅僧が、普段とは違う切実な気分や行為を「老婆」に託して表現したにすぎない。老婆心ながら、世間のすべての老婆の皆さまにご理解を求める次第である。ご理解いただけるなら、べつにご協力まで求めるつもりはない。

不思議《ふしぎ》

本来は不可思議だが、「可」は略してもほとんど意味は変わらない。書き下しにするとそれぞれ「思議せず」と「思議すべからず」になるが、この「可《べ》し」は可能の意味だから、考えられない、それゆえ考えないことになるのは必定である。

だいたい思議というのはロクなもんじゃないのだが、人間はどうしても合理的に考えてわかろうとすることをやめない。しかしたとえばブッダの悟りの内容などは、初めからわかるとは思えなかったのかもしれない。

本来は、悟りの境地やそれによって生ずる智慧や神通力のことを梵語で「アチンティア」(acintya) といい、「不思議」「不可思議」のほかに「難思」「難思議」とも訳された。「不可思議光」などは、どうしてそうなるのか合理的には説明できないが、現にこうして光っているのだし、素晴らしい光じゃないか、と讃えているのである。

中国では後に「不可思議」が数字の単位にも用いられる。「兆」の次が「京《けい》」だということくらいはご存じかもしれないが、その後九つの単位を経て、阿僧祇《あそうぎ》、那由他《なゆた》、不可思議と続く。不可思議が最大の単位ではなく、そのあとに「無量大数」と続くのがまた面白い。

とにかく人は、具体的に数字で表されたり、合理的と思える説明をされることに、弱いのである。しかもそうでないと、すぐにそれは「怪しい」「奇っ怪だ」と思うクセがある。それゆえ「不思議」そのものにもそのような意味が派生してしまう。だからそんなの迷信に違いないと、永年続いてきた習慣をやめたりしてしまう。今は「不思議」がすっかり軽んじられているような気がする。

いったいこんな中途半端な感覚器と、それを通じて受けとめた材料だけによる「合理的」な思考の、どこがそんなに信用できるのだろう。これも不思議というしかないが、この場合はむろん「奇っ怪」の意味だ。

自分はどうして生まれてきたのか。死んだらどうなるのか。宇宙の始まりはどんなふうだったのか。いずれも仏教からすれば不可思議な問題で、わからないままに生きていくしかないわけだが、どうやら人々は、科学が進歩しさえすれば不思議はなくなるものと、たいした思議もしないで信じ込んでいるらしい。科学もやはり、一種の宗教なのではないか……。

おぼん

仏教語には梵語の音写が多いとわかっていても、「お盆」と見れば、両手に持ちきれない物を運ぶあのお盆を一瞬憶いだす人は多いだろう。ともするとその両手と、畳を擦る白《しろ》足袋《たび》なども浮かんだりして、さらに「盂蘭盆《うらぼん》」などと言われたら、そのお盆を運ぶ女性が廊下でにわかに滑って転び、お盆の裏ばかりか着物の裾の裏地まで見えてしまう図など想像するかもしれないが、そんな妄想を抱いてはいけない。

梵語の「ウッランバナ」(ullambana)の音写が盂蘭盆で、通常これが「倒懸《とうけん》」と訳され、逆さ吊りの苦しみを意味するとされるが、近頃はイラン語のウルヴァン(urvan＝死霊)の音写なのだとする人々もいる。いずれにしても間違いないのは、盂蘭盆とは苦しんでいる死霊を救う儀式だということだろう。

救い方がまたふるっている。『仏説盂蘭盆経』という中国のお経によれば、餓鬼道に堕ちた目連尊者《もくれんそんじゃ》の母親を救うために、お釈迦さまは息子の目連尊者に、とにかく直接母親に何かを捧げるのではなく、衆生救済を目指して修行している僧侶たちに供養せよとおっしゃるのである。

仏教では自らの善行の結果がたまたま自分に還ってくることを功徳と呼び、自分の知らない場所で知らない人にもたらされる善果を利益《りやく》と呼ぶが、要するにこの社会は無数のご利益の連鎖によって支えられている。だから「みんなに繋がった修行僧」への供養こそが特定の個人にも最良の窓口になると判断したのが「おぼん」なのである。

儀式の原型は中国の道教だとも言われるが、日本でも推古帝十四年（六〇六）に初めて行なわれたとされる（『日本書紀』）。

日本古来の祖霊の迎え送りの習慣に重ねて導入されたらしく、なるほどそういえば死者の居場所がはっきりしない。仏教的極楽や地獄というよりも、月などかなり近い場所との往還だと日本人は感じているようだが、その点はあまり追求しないでおこう。

さすらった後の日本のおぼんでは、とにかく無縁の慈悲を説く。じつは此の世に無縁などないと僧侶は知っているからこそ供養を受けるに値するわけだが、本当にその資格があるかと自省する日々。お盆の裏や着物の裏地を覗いてる場合じゃないのである。

彼岸《ひがん》

おぼんが済めば、ほどなく秋のお彼岸《ひがん》になる。日本人にとっては、彼岸といえば春・秋のお彼岸の意味に受けとる人が多いのだろう。春分・秋分の日を中日《ちゅうにち》とした一週間ずつのこの行事は、じつは大同元年（八〇六）、諸国の国分寺で『金剛般若経』を転読したことに始まる。つまり、日本で始められたものなのである。

さすらった源まで辿ると、この言葉の元になった梵語は「パーラミター」(pāramitā)。これが中国で「到彼岸」と訳され、さらに略されて「彼岸」になった。本来の意味は、迷いの此岸《しがん》に対する悟りの彼岸、向こう岸のことだ。

ここに到る方法として、『観無量寿経』では日想観《にっそうかん》を勧めるが、浄土宗の高祖とも仰がれる唐の善導大師は、ちょうど太陽が真東から昇って真西に沈む春分・秋分の日に、沈みゆく太陽の彼方に極楽浄土を観想し、さらに念仏を称えることを勧める。

しかし観想・日想観といった観念的作業は実際にはかなり難しい。そこで法然《ほうねん》聖人は口称《くしょう》念仏に一本化することで日本浄土宗を標榜し、さらには彼岸への観想も、やがてお彼岸というシーズンを設けての墓参などに変化していく。

仏教にとっては非常に本質的な事柄が、中国で先祖供養と結びつき、さらには日本に来ると極めて具体的な行事になっていく。これはおそらく、仏教のさすらい方の一つの雛形ではないだろうか。

中国で春分・秋分が選ばれた事情としては、多分に陰陽思想の影響がある。陰と陽が相半ばする彼岸の時には、植物のみならず、人間のからだも開くと考えられた。植物が新芽を伸ばすのはたしかにその時期だし、人間世界にもなぜか疫病などが流行りやすい。観想は無理でも、浄土（彼岸）を想いつつ暮らすことで、病気を防ぎ、いのちを浄化しようという現実的発想もあったようである。

ともあれ、おぼんには死者が此の世を懐かしみ、お彼岸には我々が浄土（彼岸）に思いを馳せる、それが日本仏教の大きなサイクルである。ただし、お彼岸の浄土とおぼんに戻ってくる「あの世」とは、必ずしも同じとは言えない。それが日本仏教の複雑さである。

玄関《げんかん》

今や玄関はどこの家にもあるが、明治以前にはそんじょそこらにあるものではなかった。いや、じつは今でも本当の玄関は滅多にないのだが、本来の定義がわからなくなったため、単に家の入り口を玄関と呼んでいるのである。

玄関の発生は、禅寺である。『老子』にいう「玄妙な道」に入るための「関所」の意味で名づけられ、中国宋代の『景徳伝燈録《けいとくでんとうろく》』にはすでにこの語が見える。そして同書では「禅道に入る端緒」の意味で使われている。

玄関では、新来者の入門を許すかどうかが厳しく試される。道場の場合は上がり框《かまち》に履歴書と入門志願文を置き、三日ほど頭を下げたまま入門を頼み込む。「庭詰め」といって、夜は別室で寝かせてもらえるが、これはかなりきつい。

後には他宗のお寺の入り口も玄関と呼ぶようになり、また書院造りの入り口をも指すようになった。

塀をまわし、門を構え、そこから入っていったところにあるのが玄関で、奥には大切な講義を聞いたり学問をしたりという書院がある。誰でも入れる場所ではなかったため、必ずそこには衝立《ついたて》を置き、中が見えないようにして入れるかどうかを判断した。

やがてこの形式が公家や武家にも広まり、玄関のある書院造りが室町時代には流行することになる。江戸時代には名主だけは玄関を作ることを許されるなど、今では単なる出入り口にすぎない玄関も、昔は相当厳粛でかしこまった場所だったのである。

うちの寺には玄関が二つあり、衝立も二つあって「玄」と「関」とが一つずつ書いてある。また衝立の横には、「照顧脚下《しょうこきゃっか》」の札も立ててある。「看脚下」とも書かれ、たいてい履き物を揃えよの意味に解釈されるが、本来は、自分の生活の足許を見直すように、とのメッセージだろう。何かを外に求めて門を叩くまえに、自分のいのちそのものの声を聞けと告げているのである。

「玄」は本来いのちの根源的な生産力を意味する。そこに入るには、名を捨て、知を捨て、あらゆる言葉を捨てなければならない。老子はこれを「玄同」と呼び、「和光同塵《わこうどうじん》」の同化力と見る。

要するに玄関とは、道に同化するためにあらゆるものを捨てる場所なのである。

後生《ごしょう》と一蓮托生《いちれんたくしょう》

最近はあまり耳にしなくなったが、「後生《ごしょう》だからお金貸しておくれよ」なんて、昔はよく聞いたものだった。今でも時代劇だと「後生ですから命ばかりは」などと頼む。

この「後生」は、むろん本来は後の生、つまり来世のことである。沖縄では今でも「グショー」（後生）」がその意味で使われる。

となると、「後生だから」助けてほしいというのは、どういう意味なのだろう。「後生心」「後生願い」「後生楽」などという言葉もあるが、どうも我々日本人の先祖たちは、後生を決して悪くないものと思っていたようだ。

つまり、今は苦しくて助けを求めているが、後生では余裕もできて安楽に暮らしているだろうから、その時にこの借りは必ず返す。そう言って頼んでいるように思えるのである。

律儀といえば律儀な話だが、これはつまり、この世での決算をあの世まで持ち越して考えていたということだ。つまり、『往生要集《おうじょうようしゅう》』や『地蔵十王経《じぞうじゅうおうきょう》』などが強調した地獄はそれほど定着しておらず、日本人古来の楽観的な考え方がまさったということだろう。

一方の極楽は、来世を願う人々に急速に広まった。極楽に蓮池《はす》があることも、もはや常識。だからこそ後生では、ゆったり暮らしながら借りを返せるとも思っている。

そればかりか、この世で叶《かな》わなかった思いまで極楽につなげて考えだす。この世では添い遂げられなかったから、あの世では同じ蓮《はちす》の上に生まれよう、というのが「一蓮托生《いちれんたくしょう》」。これはまた、夫婦の理想的な到達点として「偕老同穴《かいろうどうけつ》」の延長とも考えられた。夫婦でない場合は、心中という文化を支える言葉にもなるのである。

ところがこの言葉、どう誤解されたのか最近は使われ方がおかしい。「おれも盗んだけど、おまえだってそれを見て見ぬふりしてたんだ。同罪なんだから一蓮托生だよ」なんて使うのだ。いったい、泥棒してでも極楽へ行けると思っているのだろうか。

楽観もここまでくるとあきれるが、もしかしたら、イモヅルとレンコンを誰かが間違えたせいだろうか。たしかに蓮も、イモヅル式に引き上げることができる。

V

えたい

「えたいが知れない」というと、現在では「得体」とか「為体」と書く。しかしこれではまるで裸にして検分しているようだ。ちょっと見ただけで「えたい」は判断するのだから、たぶんもともとは「衣帯」なのである。

我々僧侶の世界には法階とか僧階といわれる位があるだけでなく、その位に応じてじつは衣の色や帯（手巾《しゅきん》）の色も決められている。だから法階相応の色の衣や手巾《しゅきん》さえ身に着けていれば、どのくらいエライのかがわかるから扱いやすい。それがわからないと、「衣帯が知れない」ので困るということなのだろう。

日本でこういう方式を初めて採用したのは聖徳太子である。太子は冠位十二階を定めたとき、同時に位階による服装の色分けも行なった。日本での僧侶は当初は国が任ずる官職であったため、官吏のためのこの規則に従ったのである。いちばん上とされたのが紫色で、これは道教の影響だが、今でも多くの宗派がこの色を上位に用いる所以《ゆえん》である。

ただし禅では「無位の真人《しんにん》」（『臨済録』）というくらいだから、そのような社会的位階にはもともとあまり興味がない。まあしかし、社会的なことだから、そのほうがなにかとスムーズなら仕方ないじゃないの、ということで、普通はメクジラ立てずに従うのだが、一休宗純というお方は従わなかった。

京都大徳寺の住持になりながら、紫衣《しえ》を着るのが嫌で三日で辞したとも伝えられる。

一生墨染めの衣で通した人では、越後の良寛さんがよく知られている。しかしあの方の場合は、そういうチンドン屋みたいな衣を着るべき立場そのものを忌避したのだから問題はない。地位はいただきながら衣帯には従わないという人がたまに出るから、世間が騒ぐ。地位そのものをいただかなければすっきりしているのだが……。

エライ人にはエラそうな格好をしてもらわないと困る、というのが世間の変わらぬ見解である。だから仏教では、逆に文殊菩薩は乞食の格好で現れるなどと言いだすのだが、どうなのだろう。もしかすると、エラクなると「えたいが知れないように」という欲求が生まれるのではないか。諸国を巡った水戸のご老公のように。

微塵《みじん》

インド人の考えたこの世界の構成要素は、まずアヌ、ラジャスという微細な塵《ちり》の粒子であった。この訳語が微塵《みじん》で、これが集合してあらゆるモノになると考えた。さらに七裂してパラマーヌ（極微《ごくみ》）になる。微塵はなんとか眼で見ることができるが、極微は見えない。逆に大きいほうは、微塵がいくつも集まって地・水・火・風という特徴をもった四大要素になり、これが結合することでどんな命をも構成する。地は硬く重く、水は潤わせ、火は温度をあらしめ、風は動きを司る。どんな生命も、彼らはこの四つのはたらきの組み合わせでできると考えたのである。

四大が集まることで命は生まれるから、死は四大分離と表現される。病気は四大不調である。

四大は分離すると空に還るといわれるから、空はまだ物質化していないエネルギーとも考えられる。そこからまた極微が生まれ、微塵になり、再び四大を構成していくのである。

四大に空を合わせて五大とし、五輪塔というものが造られたが、これはあらゆる生命がこの五輪の循環から逃れられないため、その全てを供養するという意図で建てられるものだ。現在使用される多くの木製の卒塔婆も、この形を簡略化したものと考えていいだろう。

普段の日本語では「微塵」がさまざまな局面で使われる。水中に棲むミジンコ（微塵子）も、野菜などのみじん切りもこれに由来する。また「微塵も」という形で副詞的にも用いられ、「そんなことは微塵も考えなかった」などと使われる。

「露も」とか「露ほども」という日本的な表現と、さほど意味は違わないのだが、微塵はやはり露よりも小さい。また露と微塵の違いは、そのままインドと日本の風土の違いでもあるだろう。

木っ端微塵というと、何かが爆発した後のようで復元不能とも思えるが、微塵がまた極微になって空に還れば、いずれまた集合して何かに成形されるだろう。これが基本的には輪廻を支える考え方といえる。インドの龍樹《りゅうじゅ》が著した『大智度論』に「微塵、積モッテ山ヲ成ス」とあるが、これが「塵も積もれば山となる」の起源であるのも興味深い。

金輪際《こんりんざい》

これは随分耳慣れた言葉だと思う。仏教語としては、伝統のある老舗といった感じだろうか。

たいてい、「もう金輪際《こんりんざい》しませんから」と「けっして〜ない」という否定を強調するか、「聞きはじめたんだから、金輪際聞いてしまいたい」のように「とことん〜する」という意味合いで使われる。

仏教の宇宙観では、この大地の下に金輪があり、さらに水輪、風輪が続き、そこを突き抜けると虚空になる。我々人間はどんなに落ちても、せいぜい大地の底、つまり金輪と接している金輪際まで、と考えたのだろう。

『枕草子』には山の端《は》と山際が区別されて出てくるが、山際が山に最も近い空を意味するように、金輪際もじつは金輪に最も近い大地のほうだ。だから地獄の底とあまり変わりはない。また金輪奈落という言葉もあるが、これも奈落（＝地獄）の底と大差ないのである。

いずれにしても、「金輪際しない」というのは、「たとえ地獄に堕とされたとしても、しない」ということなのだろうが、そんな誓いは信用しないほうがいい。

金輪際まで堕ちた場合のことは、堕ちてみないとわからない。状況次第で、自分もどう変わるかわからない、というのが仏教の基本的な人間観だから、この言葉は仏教語であるのに非常に仏教的でない意味合いで使われているといえるだろう。伝統ある老舗だというのに、なんということだろう。

ところで堕ちるほうは金輪際までだが、上はどこまで行けるのか、というと、これは有頂天までだ。有頂天は存在の絶頂を意味するが、有頂天になるとその状態はどうしても長くは続かない。

もともとは金輪際も有頂天も、宇宙の構成として考えられた言葉なのだが、日本語では完全に心の在り方の表現として用いられた。地獄・餓鬼・畜生・修羅・人間・天という六道の、一番下が金輪際、一番上が有頂天だと思っていい。そのあいだを、ふらふらふらふらボウフラのように浮き沈みしているのが我々なのである。

金輪際という誓いは信用できないが、あとは浮くだけだから絶望することもない。

有頂天《うちょうてん》

「金輪際」の項で触れたが、人の心の最高の状態が有頂天である。これも極めて人口に膾炙している仏教語といえるだろう。

もともとは存在の絶頂を意味する梵語「バヴァーグラ」(bhavāgra)の訳語だが、いわゆる三界《さんかい》(欲界・色界・無色界《むしき》)のうち、無色界を四つに分けたなかの最高処、非想非非想処天を有頂天と呼ぶ。ただし『法華経』では、色界の最高位である色究竟天《しきくぎょうてん》を「有頂」と訳したため、本来の有頂天との齟齬《そご》が生じた。

『聖求経《しょうぐきょう》』などには禅定の段階が九つに分けて述べられるが、その八番目に「非想非非想処」がある。つまりは非想(何も想わず)、非非想(何も想わないという意識もない)、しかも非想と非非想の対立をも超えた境地とされるが、もともとこれはブッダが出家直後に他宗教を主宰していたウッダカ・ラーマプッタ仙人に弟子入りして学び、すぐに修得してしまった境地とされる。

当時ウッダカ仙人には七百人の弟子がおり、彼はブッダにその教団を一緒に主宰するよう誘うが、ブッダはその境地では満足できず、苦行林に入る。六年の苦行の後にようやく林を出て、菩提樹の下で達成した禅定こそ九番目の最高の禅定なのである。

たしかに瞑想によって非想非非想処にあるときは、苦悩もなくなったかに思えるのだろう。しかしブッダはそれを、そのあいだ単に忘れているだけではないかと思い、納得できなかったのである。

そうした本来的な意味合いも、この言葉にはそのまま受け継がれているようだ。なにかに没頭して思わず我を忘れているからこそ有頂天になる。だからそれは長くは続かず、あくまでも一時的な喜びにすぎないことを知るのである。

いわゆる外道とされる仏教以外のインドの宗教では、この非想非非想処を最高の状態と考えることが多い。しかしブッダはそれを輪廻のうちと捉え、さらに上の心境を目指したのである。

それでも凡夫とすれば、無常で長続きしない喜びではあっても、たまには有頂天になりたいと思う。天井があるなら、有頂天になった勢いでそこを破れないか、などとつまらぬことを考えるのである。

奈《な》落《らく》

「金輪際」の項で金輪奈落という言葉を紹介したが、奈落は本来サンスクリットの「ナラカ」(naraka)の音写で、もとは捺(那)落迦などと書いた。意訳は「地獄」が普通だが、苦器、苦具などとも訳された。要するに生前の行ないによって、死後にも苦しむ世界があるということだ。

そのような場所や状況を設定したのは、やはり人々の行ないに対する道徳的な懲罰効果を狙ってのことだろう。「そんな非道いことをすると、奈落に落ちるぞ」という脅しともいえる。

もともと「ナラカ」はバラモン教の『ブラーフマナ』などに出てくる言葉だから、極楽よりも遥かに発生が早かったことがわかる。

地獄と極楽をはっきり対置したのは、浄土思想である。中国で輪廻思想を削除された仏教が、火葬という埋葬法を続けるためには死後になんらかの保証が必要だった。そこで死後の安心のために極楽浄土を強調し、その対極に穢土《えど》や地獄を置いたのである。

それぞれ別な理由で主張された地獄と極楽がここに至って連携し、懲罰システムから賞罰双方向のシステムへと進化する。それまで一定の知名度をもっていた観音浄土や弥勒の浄土が、そうして阿弥陀の浄土に収斂《しゅうれん》していくようになる。

奈落とか奈落の底と、今でもよく知られているのは、劇場用語として使われたせいもあるのかもしれない。劇場のせり上がり舞台などの地下室を奈落と呼ぶのだが、せりあがりでも廻り舞台でも、当時はすべて人力で行なわれていた。暗い地下で褌《ふんどし》一丁で動きまわる汗だくの男たちの群れは、たしかに地獄の苦役の様相だったかもしれない。そんなことを、香川県の古い舞台を見学したときに思った覚えがある。

誰でも正直に顧みれば、自分は奈落に行く原因を抱えているように思える。そうであるなら、それこそが仏道を志すきっかけにさえなるではないか。そのことを『維摩経《ゆいまきょう》』では菩提心の契機として重視する。白隠さんが「南無地獄大菩薩」と揮毫《きごう》したのもその意味である。

禅は「極楽は西方《さいほう》のみかは東にも北（来た）道さがせ南（みな身）にぞある」などと詠う。自分の外に別天地があると思わず、奈落も浄土も我が身の現実と思っておいたほうがいい。

功徳《くどく》

功徳を積む、といわれることが多いが、「功徳池《くどくち》」という表現もあり、「ここに積んでおけば安心」という高利回りの預金のようなイメージが滲む。善根功徳力《ぜんこんくどくりき》という言葉もあり、これだけ善いことをしたのだからきっと善い結果が得られるだろう、溜めた池からなにか自分に返ってくる善果があるだろうという人情も感じられる。

それを潔しとしなかった達磨《だるま》大師は、梁《りょう》の武帝に経典の翻訳出版や仏塔建設などを推進した功徳を訊かれ、「無功徳」と答えた。その行為じたいですでに喜びを得ているはずなのに、それ以外にいったい何を期待するのか、ということだろう。

この言葉はサンスクリットの「グナ」(guna)の訳語とされるが、基本的には中国で流布した言葉である。現世利益《げんせりやく》ともいい、国家的な規模で仏教を推奨する場合、病気が治るとか成績がよくなるとか、なにがしかの見返りが魅力になる。そこで、本来的な利益はどこに結果するかわからないものなのに、特定の人に向かう功徳を現世利益と呼んだのだろう。もともとの意味でいうなら、それはあくまで「功徳」であって「利益」ではない。

功徳の積み方は時代により、宗派によっても異なる。読経や写経や念仏という、自分で行なう功徳もあるが、祈禱などのように僧侶に頼んで功徳を積む方法もある。

そのようにして積んだ功徳を、どこに振り向けるかをはっきりさせるのが「回向《えこう》」だ。回して向ける、というわけだが、それほど思い通りにいくなら苦労はない。

しかし、そうではあっても、功徳を積んで善い結果を期待する心情は時には祈りにもなるだろう。むろん何が善根なのかは考え方によって千差万別なわけだから、これはどうしても人情の範囲を出にくい考え方ではあるのだが……。

上座部仏教圏を訪れ、最も驚いたのは、我々がお供えしたお金や品物に対し、僧侶たちが一切頭も下げず、合掌さえしなかったことだ。向こうの仏教界の方に訊くと、彼らは「功徳を積ませてあげた」のだと認識しているらしい。

そこまで割り切れるというのも、羨ましいほどにすっきりしている。本来はいかなる善行の功徳も、我々にコントロールできるはずもない。しかし我々日本の僧侶たちは、金品をいただくとつい深々と礼拝してしまう。あれはお礼というより、あらかじめ無力を詫びているのだろうか……。

冥利《みょうり》

「夕涼みよくぞ男に生まれけり」という句がある。たぶん夕方風呂上がりに浴衣の裾などはだけながら、胡座《あぐら》で団扇《うちわ》など使っているのだろう。女ではそこまではしたない格好はできないから、ああ、男に生まれてよかったと、感じ入っているのである。簡単に言えば「男冥利《みょうり》に尽きる」ということである。

むろん女冥利に尽きることだって無数にある。いずれにしても、自分が男でよかった、女でよかったと思っているわけだが、そのように自分が生まれついた理由は、わからない。ひとえに神仏の采配というしかないから、このよくわからない神仏の采配のことを「冥」と表現する。

「くらい」と読む字で、「暗くて（原因が）よくわからない」ご利益だから「冥利」とか「冥益《みょうやく》」というのである。

「利益」の項目でも触れたように、利益そのものが本来どういうわけで訪れたのか不明なものだ。基本的には、自分の知らない人が積んだ善行の結果が、今ひょんなことで自分に廻ってきたと考える。だからすべての利益は冥利だといってもいいのだが、ここでは敢えてその由来のわからなさを強調しているのである。

同じように「冥福」というのは、そうすることでどんな福が訪れるかはわからないけれど、いや、訪れたとしても自分にはよく見えないかもしれないけれど、故人にとっての福を祈らずにはいられないから「冥福」なのである。

またお寺ではよく「冥加金《みょうがきん》」とか「冥加料」などという表現も見かける。この場合は、たぶん加えるのは功徳だろう。その寄付をすることで功徳が積まれ、これまでの功徳が増えることは間違いないが、総量がどうなっているのかはよくわからないし、またご利益もわからない。そこでやはり「冥」の字が入るのである。

死後の暗黒世界のことを「冥土」とか「冥府」などという。これは仏教語のように思われているが、もともとは中国で道教の影響でできた言葉らしい。「冥利」もじつは漢訳のインド仏典には見当たらず、『法華玄義《ほっけげんぎ》』などに見られる。「幽」とか「冥」など、よく見えずよくわからないものに積極的価値を見いだす傾向は、日本に来るとさらに強まる気がする。

愚痴《ぐち》

今や愚痴はぶつぶつ言うものと相場が決まっている。誰も喜ばない悲観的で非生産的な言葉のことである。

よく禅僧が喩えにするのは、二人の孝行息子をもつ母親が、雨が降ると下駄屋をしている次男を心配し、晴れれば傘屋をしている長男を案ずる事態。いずれにしても母は心配し、言っても仕方ないことばかりぶつぶつ言っているというのだ。それなら雨が降ったら長男の生業の傘屋の隆盛を喜び、晴れたら次男の下駄屋を祝福すればいいではないか。そうすれば毎日どんな天気でも感謝しつつ暮らせる、と主張するのである。前者が愚痴っぽい生き方であることは間違いない。

しかしこうしてさすらうまえの「愚痴」は、言う人と言わない人がある現在のような代物ではなく、誰にでもある「おろかさ」そのもののことだった。縁起と無常を踏まえた物事の見方が、きちんとできないことだったのである。

もともとは梵語の「モーハ」（moha）の訳語である。これが音写されて「莫訶」や「莫迦」、つまり「ばか」になった。要するに「愚痴」と「莫迦」とは、同じ原語の意訳と音写なのである。

前述した『全国アホ・バカ分布考』を読むと、「ばか」には中国に発する「馬家」語源説もあるようだが、いずれにしても平安時代まで遡る古い表現のようで、アホよりも遥かに古典である。

しかしそんなことより大切なのは、アホにしろ馬鹿にしろ、仏教に限らずインドではそれが誰かのことではなく、誰もがそうなのだと認識していた事実だろう。

人間なら誰しも抱える欲望を「貪・瞋・痴」と規定し、仏教ではそれを三毒と呼んだ。貪《むさぼ》りの気持ちが満たされないがゆえに瞋《いか》り、瞋ればなおさら「おろか」になるのも道理だが、その大元に抜けきれない「おろかさ」があると考えたのが古代インド人であった。

ちなみに「痴呆」という言葉も、誰にでもある「おろかさ」と「呆《ほう》けた」（「私」のない）状態を意味するだけで、決して差別的な意味合いはない。「認知症」という奇妙な日本語より言葉としてはよほど正しいのだが、今さらこれを言うと愚痴になるだろうか。

閻魔《えんま》

閻魔《えんま》さまといえば「大王」とも呼ばれ、死後世界の行方を裁定する裁判官のように思われている。『地蔵十王経』では五七日の審判を担当し、どんな嘘をついても「浄玻璃《じょうはり》」という鏡に過去の行ないの全てを映し出す。「閻魔さまでもご存じあるまい」といわれるほどに、ご存じないことは殆んどないと考えられているのである。

どうしても地獄と極楽は、セットで考えられやすいが、これはもともと全く別系統の思想だと諒解しておいたほうがいい。閻魔もじつは古代インドの聖典『リグ・ヴェーダ』などに登場する死後の王国の王者「ヤマ」(Yama)の音写で、「夜摩」とも書かれる。このヤマを核にして、もっと西方から流入した地獄の思想がインドに根を下ろしたらしい。さらに中国の天台思想のなかで地獄と極楽が合流し、閻魔はその審判のような役を担っていくのである。

漢訳には「双王」という訳もあるが、これなどもペルシャ神話で冥界を支配したヤマとヤミィの双生児兄妹のイメージだろう。そんな物語も吸収したヒンドゥー教がやがて仏教に取りこまれ、さらには中国の道教の影響も受けつつ、現在の日本人が描く閻魔像に近づいていくのである。

どんな文化圏の人々も、この世の不平等が死後には矯正され、トータルでは平等になることを願ってやまなかった。漢訳で「平等王」とも呼ばれ、また地蔵菩薩の化身ともされたのは、人々のそうした願いを映したものといえるだろう。

通常、この世における裁きとは別な判断を、宗教者であればもつことになる。それはいわば閻魔の眼ともいえるだろう。昔から王法・仏法などと対置され、世間とは違った判断基準があるとされた。全てをお見通しの閻魔さまであれば、この世での評価や判断が表面的にすぎないことをご存じだし、その不平等を一気に解消してくださると信じられたのだ。

日本のカトリック教会本部は、神父たちに罰金を払ってでも裁判員を辞退するよう通達したが、当然のことだろう。

宗教者がこの世の裁判に関わることは、別な価値観における救済を放棄することだ。大袈裟に言えば宗教の死ともいえる事態ではないだろうか。

自らの行ないを棚上げにした裁きごっこなど、きっと閻魔さまは許さないはずである。

般若《はんにゃ》

天台智顗がお釈迦さまの説いた経典を分類した「五時教判」によれば、「華厳《けごん》」「阿含」「方等《ほうどう》」「般若」「法華・涅槃」のうち、主に霊鷲山《りょうじゅせん》などで円熟期のお釈迦さまが説いたのが「般若」経典だとされる。『大般若経』『金剛般若経』などがこれに相当し、『般若心経』も含まれる。般若とは、それらの中心テーマである「空」の会得と考えていいだろう。それこそが大乗仏教徒の目指す智慧である。

サンスクリットでは「プラジュニャー」(prajñā)というが、これはどう見てもパーリ語のパンニャーを音写した言葉だろう。原義は「認識する以前の認識」だから、言語での把握はとうてい不可能であることがわかる。『般若心経』で最後に呪文が登場するのも、言語的な説明を一気に無化する絶妙な工夫と見るべきだろう。

意訳では通常「智慧」と書かれ、一般的な知識も含んだ「知恵」と区別される。知識が世界を分断することで得られるとするなら、「智慧」(般若)は全体性をそのまま把握することだと思っていい。直観的な智慧といってもいいが、やはり言葉で表現した途端にそれは別なものになってしまう。瞑想やさまざまな行を通じて会得するしかない。

日本では、般若といえばあの鬼のようなお面を憶いだす人々もいるだろうが、一説にはあのお面を得意とした能面師の名前が般若坊だったとされる。いずれにしろ女性の強烈な嫉妬を象ったとされるあの面と智慧は何の関係もない。

言語的な認識が生ずるまえの状態に「般若」が宿るとするなら、日本では有効な行がいろいろ発明されてきたといえるだろう。口称念仏、お題目なども熱心に行なえば言葉による思考が芽生える余地はない。はっきり覚醒していながら言葉が浮かんでこない状況こそ般若の前提である。

その意味では、大般若経転読祈禱という方法も秀逸である。六百巻ある経本を何人かで分担して翻転するのだが、口で称え、眼で追い、手は動きつづけ、余計な言葉が浮かぶ余裕はまったくない。

仏教は、多くの言葉をもちながらしかも言葉が生まれる以前の状態を尊ぶ、不思議な宗教である。

微妙《みみょう》

禅の公案集である『無門関《むもんかん》』によれば、釈尊は自身の最晩年に跡継ぎを決めようとするとき、まず自らの境涯を高らかに宣言し、後のことはすべて摩訶迦葉《まかかしょう》に任せると言った。「吾に正法眼蔵《しょうぼうげんぞう》、涅槃妙心、実相無《じっそうむ》相《そう》、微妙《みみょう》の法門あり」、そしてそれは「不立文字《ふりゅうもんじ》、教外別《きょうげべつ》伝《でん》」だが、「摩訶迦葉に付嘱《ふしょく》す」と言ったとされる。

付嘱は委嘱だと思っていい。しかし任せるといっても、何を任せるのか、もう一度言葉を辿ってみよう。

釈尊が会得したものは、何より正しく法を見る眼であり、煩悩の炎の消えた静寂で不思議な心。それによって物事の姿なき姿が徹見され、また感覚でも捉えられない微妙な世界の在り方がわかったというのだろう。それは文字で表すこともできないし、教えとして伝えることもできない。しかし一輪の華を胸元に捧げた釈尊に、ただ独り「微笑」した摩訶迦葉にはすべてが伝わったと諒解できたから、一切を任せるというのだ。有名な「拈華微笑《ねんげみしょう》」

の一則である。

　この一則からは、じつに多くの寺や僧侶の名前が作られた。私の属する臨済宗の大本山「妙心」寺は、山号が「正法」山、開山は「無相」大師、むろん全国にはたくさんの「実相」寺もあるし、曹洞宗の道元禅師などは「正法眼蔵」をそのまま著書名にしてしまった。

　じつは「微妙」大師という方もいらっしゃるのだが、これはあまり知られていない。そして「微妙」は、仏教語としては「みみょう」と読むのだが、「びみょう」に衣替えして世間に出ていったのである。

　本来の意味は、感覚でも捉えられない「かすか」で「たえ」なる状態。誉める意味でしか使わなかった。しかし最近では「それは、ビミョーですねぇ」などと、善くも悪しくもはっきりしない状態を意味するまでにさすらってしまった。

　そういえば「妙」一字の場合も同じかもしれない。本来は「精」や「好」などにも置き換えられる、うつくしくすぐれた様子の形容だった。しかし最近は「じつにミョーですね」と、「奇妙」の意味で使われるケースも見かける。

　やはり「微妙」なことは、なかなかすんなりとはわかってもらえないものなのだ。

檀那《だんな》と坊主《ぼうず》

「社長、ちょっと寄ってくださいよ」なんて今の客引きは誘うが、昔は「旦那《だんな》さん」と呼びかけた。この「旦那」、本来は「檀那」と書く。梵語のダーナパティの音写である。もともと仏教教団を経済的に支えた布施者のことだから、まあ今の使い方もそれほどおかしいわけじゃない。ただ同じお金なら、夜の巷《ちまた》などに注ぎ込まないでお寺に寄付すればなお素晴らしいということだ。

檀那は、もっと細かく言うと、檀という木と、その周りに生える那という草の関係性のことだった。那は檀があるから日陰ができてうまく生育でき、檀は那があるお陰で地面の湿気を保ってもらえる。理想的な布施しあう関係なのである。

そのことからもわかるように、布施は相互的でなくてはいけない。財施に対してもお返しの法施《ほっせ》がなくてはならないのである。

そのことを忘れると、「坊主」などと呼ばれるようだ。「坊主」がいつから悪い言葉になったのかは定かじゃないが、それはきっとイケナイ僧侶が現れたときからだろう。もともと人を直接呼ばず、住んでいる場所にちなんで呼ぶのは丁寧なことだった。だから「坊主」も「お前」も、本来は悪い言葉じゃない。「御前様《ごぜんさま》」の頃は最高によかったのである。

しかし人々の期待に応えないような僧侶が増えたからだろうか、僧侶にあるまじき僧侶、という意味で、「坊主」を逆転させた「主坊《ずぼう》」の複数形、「ずぼら」なんて言葉も生まれる。やはり檀と那との関係性を忘れた結果なのだろう。

一般の家だって、夜の街に出かけて「ごぜん様」になったら「お前このやろう」と言葉の意味は変わってしまう。よくよく心しなくてはならないと思う。

それにしても、男の子のことを「坊主」と呼ぶのはなぜだろう。「うちの坊主は手癖が悪い」なんて、レストランの隣の席から聞こえてきたらギクッとする。そりゃあギクッとするほうが悪いのだが、なにもわざわざ孫を「坊主」と呼ばなくてもよさそうなものだ。

「檀那」と呼ばれたら何か魂胆があるものと用心しなくてはならないが、「坊主」の場合は、そう呼ばれないよう用心したい。

VI

言語《ごんご》道断《どうだん》と自業自得《じごうじとく》

よく耳に馴染んだ四字熟語だと思うが、正確な意味はご承知だろうか。

言語《ごんご》道断《どうだん》はよく「道」が「同」と間違って書かれるが、本来「道」は「いう」と読み、言語で道《い》うことが難しい不可思議な仏法のこと。禅語の「不立文字《ふりゅうもんじ》」とほぼ同じ意味だ。

もっと言えば、この場合は言葉で言えないほど魅力的だというのだが、現在の使われ方だと、言葉で表現できないほど怒っている。「まったく言語道断だよ」なんてのは「もってのほかだ」と怒っているのである。

どうしてこんな変化が起こってしまったのだろう。

その理由も、言語道断というしかない。

もう一つ、ここでは自業自得を挙げたが、「業」とはカルマ。つまり、長年に蓄積された経験や知識によって培われるある種の方向づけの力。だから必ずしも悪いことばかりに使うわけではなかった。いわば大学に合格するのも自業自得。良縁に恵まれるのも自業自得なのである。

しかし人間、やはりどこかに罪悪感をもっているのだろう。自分がかつて悪いことをしなかったなどと思える人は、皆無ではないだろうか。

私の住む地方には「因果を見た」という言葉が訛った常套句《じょうとうく》「エンガみた」という表現があり、これも悪い結果が起こったときにしか使わない。過去の罪業の結果がこれだと、いわば納得するための言葉なのだろう。

思えばそれは、他人のせいにするよりはよほどマシな生活態度だ。しょせん、世に起こる出来事の因果など、すべてが見えるはずはない。それならよいことが起きたときには「お陰さま」と感謝し、嫌なことが起きたら「自業自得」と我が身を見つめるのは、じつに仏教的な態度といえるだろう。

悲嘆のときにも、腹が立つときにも、自分を見つめることでしか本質的な変化は起こらない。「言語道断」と他人を怒ってみても、何の所得もないのである。

しかしこれらの言葉、本来は、言語道断の瞑想修行で自業自得の仕組みを知ったお釈迦さまに由来することも、覚えておいていただきたい。

上品《じょうぼん》

上品とか下品と、人のことをいう。また単に、品がいいともいう。

これはもともと、阿弥陀如来のいる極楽浄土に行く際に、これまで積んだ功徳によって人間を三段階の「品」に分けた、その名残である。

この場合は「ひん」ではなく「ほん」と読む。上品《じょうぼん》・中品《ちゅうぼん》・下品《げぼん》である。さらにこの三段階のなかにはそれぞれ上生《じょうしょう》、中生《ちゅうしょう》、下生《げしょう》があり、全部で九階級の往生のパターンがあることになる。これに応じて阿弥陀如来まで印《いん》を変え、九種類の阿弥陀さまがいるというのだが、どうなのだろう。

いや、べつに、文句をつけたいわけではないが、あらゆる衆生を等しく救い、浄土に導いてくださるのが阿弥陀さまではなかったのかと、落胆している人も大勢いるような気がしたのである。

しかし、救済の幅が狭いうちはそういう理想も言えるだろうが、「すべて」を救うとなると、必ずこうした差別をつくるのが人の世である。浄土は人の世ではないとおっしゃるかもしれないが、なぁに、どこにだって人間の思いは反映してしまうものだ。

この九品をモデルに、中国の「九品官人法《きゅうひんかんじんほう》」という家柄による出世システムもできる。そんな不平等はいけない、ということで、新たに隋代に始まった官吏採用システムが「科挙」だが、これとて成績によって差別することに変わりはない。ただ家柄という、抗《あらが》えない事柄によって差別されるより幾分マシ、ということだ。

これはきっと、自分では上品だと思っている人々が、あいつらと同じ所じゃ堪らないと、考えだしたスタイルなのだろう。逆に自分こそ下品だ、悪人だ、煩悩熾盛《ぼんのうしじょう》だと自覚した親鸞《しんらん》聖人のような人は、もっとラディカルな平等を説くことになる。

一度、この自己評価を逆転してみたらどうだろう。

最近は、学校の先生などにも、校長や副校長の評価だけでなく、自己評価を加味するというが、自己評価の高い人ほどマイナスにするのである。だいたい、欧米人の評価システムを、日本でそのまま使おうとするところに無理があるのではないか。だって、自分が上品だと思うのは、日本では下品の極みなのだから。

実際《じっさい》

「実際」といえば、今や立派な副詞として「全く」「本当に」などの意味で使われている。「実際、この連載もいつまで続くんだろう」といった具合である。

しかしもともとこの語も梵語「ブータコーティ」(bhūta-koti)の訳で、真実際《しんじつさい》などとも訳されるが、涅槃という究極の状況における存在の在り方のことである。

お経のあとで唱える回向文では、「真如実際に回向し奉り、無上の仏果菩提を荘厳《しょうごん》す」などと唱えるが、この「真如実際」の「真如」と「実際」は殆んど同意語の反復で、要するに今唱えたお経の功徳を仏の涅槃の世界(真如、実際)に振り向け(回向し)、無上の悟りの世界をさらに荘厳しようというのである。

『大智度論』には「実際とは法性《ほっしょう》を以て実と為し、證《しょう》の故に際と為す。阿羅漢を名づけて実際に住すと為すが如し」とある。

阿羅漢はここでは当初の梵語アルハン、つまり宗教的聖者を意味する。聖者の住む悟りの世界と同じで、それは無相の実相世界（＝法性）であるがゆえに「実」といい、そのことがはっきり證《あか》されているから「際」だという。「実際」とは、だからはっきり證された悟りの世界と思っていいだろう。

当然のことだが、こんなに素晴らしい仏教語なのだから、「実際寺」という寺だって勿論ある。今の人が見たら、なにか現実的な教えばかり説く寺と思うかもしれないが、本来の「実際」は我々の考える「実際」とはまったく懸け離れた世界なのである。

それにしても、実際、これほどさすらった言葉も珍しい。今ではまるで間投詞の如く、こんなふうにちょっとした息継ぎがてらに使われる副詞に成り下がってしまった。

だいたい、涅槃における存在の在り方などという意味規定そのものが、一般の人々には通じなかったのではないか。あまりにも深遠でほとんどの人々には理解できず、本意を保つことが難しかったのだろうと推測される。まるで坂道を転げ落ちるようにいつでも誰にでも使えるお気軽な副詞になり、言葉として生き残るのが精一杯だったのだろう。

それが悪いと申すつもりはないが、ただあまりに実際的な変化に驚くばかりである。

権化《ごんげ》

もともとはインドのヒンドゥー教の考え方で、神あるいは仏、菩薩などが、衆生を救うために我々人間の前に姿を現し、物質的な形をもつこと。梵語では「アヴァターラ」(avatāra) という。

ヒンドゥー教の特にヴィシュヌ神は、動物または人間の姿で現れて人を救うとされており、この考え方が仏教に取り入れられた。十一面観音や大黒天、弁財天、毘沙門天など、本来ヒンドゥー教の神々だった存在が仏教に取り込まれる際にもこの理屈が使われる。即ち、それら諸神は、じつは仏が衆生済度《さいど》のために「仮の現れ」としてそのような姿を示したというのである。権化も権現も同じ意味だが、「権」とは「仮に」を意味する。仮にそのように「変化」し、「現れた」ということだ。

『法華経』の前半十四章が「迹《しゃく》」門《もん》、後半の久遠実成《くおんじつじょう》の法身《ほっしん》仏についての十四章が「本」門と呼ばれることから、この「仮の現れ」と本体との関係は「本」地垂「迹」説と言われるようになる。中国で仏教が道教に接した際もこの考え方が採られたようだが、日本では仏教流入直後から活用され、神仏の提携や習合をうまく進めていく。

つまりこれは、人気のあるほうを本地に設定し、それが仮に現れているのだから垂迹の姿も受け容れようではないか、というまことに賢いシステムだ。

平安時代には仏や菩薩が本地で、仮に神になって現れるという本地垂迹説が流行し、神は仏の権化・権現とされた。逆に鎌倉時代には神祇《じんぎ》を本地とする反本地垂迹説が生まれ、仏が神に従属する立場にされる。室町時代になると吉田神道や伊勢神道が如来は天皇の垂迹であるとまで言い、仏教が花実とすれば儒教は枝葉、あくまでも神道が根本だとする「根葉花実論」に発展する。しかしこれは他方も同じ植物の一部として認めるわけだから、相手を徹底的に潰そうという考え方ではない。

そういえば、クリスチャンの遠藤周作氏がバチカンでパウロ六世に謁見したとき、法王さまは「日本では、神も仏の姿で現れるだろう」というようなことをおっしゃったとご本人が書かれていた。

他宗教への寛容な精神にとって、権化や権現とはじつにありがたい考え方なのである。

極微《ごくみ》

「微塵」という項目のところで、それが七裂した「パラマーヌ」(paramānu、極微)が世界を構成する最小要素であり、眼に見えないものだと書いた。

しかし仏教ではあらゆる物質は縁に依る「仮和合《けわごう》」だと捉えるため、極微といえども不変の物質とは考えていない。

一方、西洋ではギリシャのデモクリトスらが考えた「アトム」以来、常に永遠不変の最小物質、あくまでもこれ以上分割できない最小の物質を求めてきた。分子から原子、そして原子を構成する原子核と電子、さらには原子核を構成する中性子と陽子など、どんどん微細な構成要素を発見してきたのである。

陽子や中性子は、ともにクォークというもっと小さな粒子によって構成され、グルーオンと呼ばれる粒子によって結びつけられていると考えられている。ところがこのグルーオンは質量がゼロで、クォークも全体に占める質量は五%にすぎない。いったい残りの九五

%の正体は何なのか、ということが謎だった。

アルベルト・アインシュタインは一九〇五年、「特殊相対性理論」を発表し、そのなかで「$E=mc^2$」という関係式を提唱した。それによれば質量とエネルギーには等価性・互換性があることになり、質量も一種のエネルギーとみなすことが可能になる。この仮説に従って原子爆弾なども製造されてきたわけだが、この関係式じたいはこれまで証明されたわけではなかった。

ところが二〇〇八年秋、フランスの理論物理学者を中心とするドイツとハンガリーの研究チームが、これを「証明した」と発表した。同年十一月二十一日の米科学誌『サイエンス』の発表によれば、陽子と中性子の質量の大部分はクォークとグルーオンの動きや相互作用によって発生するエネルギーだというのである。

なんと仏教的な結論だろう。「色（物質）即是空（エネルギー）」と考えれば何の齟齬《そご》もない。日本ではこの「極微」、あまり一般化しなかった言葉だが、言葉で言い表すとすぐに物質化してしまうことを、我々の先祖はよく知っていたのだろうか。

そういえば言霊《ことだま》も大いなるエネルギーである。

念仏《ねんぶつ》

今や念仏といえば、すっかり口称念仏のことになってしまった。つまり中国の善導大師が勧め、法然聖人がそれに一本化した「ナムアミダブツ」(南無阿弥陀仏)、六字の名号を口で称えることである。

もともとはしかし、「ブッダーヌスムリティ」(buddhānusmṛti)という梵語の意味するように、仏を頭のなかでイメージすることだった。ところがこれが中国で「念仏」と訳された。そこにさすらう根本的な原因があったのかもしれない。じつは「念」という文字には、心に念じ憶うだけでなく、口で称えるという意味がもともとあったのである。

自ら観想した浄土の様子を、善導大師は三百枚以上も絵に描いたといわれる。しかし同時に大師は、七世紀の長安の人々に「南無阿弥陀仏」と口に出して称名《しょうみょう》することも勧めた。大師の著した『観無量寿経疏《かんむりょうじゅきょうしょ》』を読んで感激したのが法然聖人だった。特に「一心に弥陀の名号を専念して、行住坐臥《ぎょうじゅうざが》に、時節の久近《くごん》を問わず、念々に捨てざる者は、是を正定《しょうじょう》の業《ごう》と名づく、彼の仏願に順ずるが故に」という文章に出逢い、これが「専修《せんじゅ》念仏」を唱道するきっかけになったといわれる。

時に念仏は禅とも併修された。

中国で多数生まれた仏教宗派も、宋代から元代にかけて禅宗と浄土宗に絞り込まれ、ついにはこの二つしか中国には存続しなかったのだが、やがて「禅浄双修《ぜんじょうそうしゅう》」といい、両方を兼修できる寺が増えていくのである。

自力といわれる坐禅に耐えられる人ばかりではない。場合によっては同じ「正定」を得る方法として、念仏も勧めたということだろう。

伊達家二代の忠宗に招かれ、松島瑞巌寺に入った雲居希膺《うんごきよう》禅師は、念仏禅を唱えたことで知られる。主に婦女子のために「往生要歌」という和讃を書き、また「念仏歌」と呼ばれる歌も作った。内容的にはたとえば「阿弥陀仏——悟レバ則チ——去此不遠《こしふおん》——迷ヘバ遥カノ——西ニコソアレ」など、禅的である。ただ口に出して称えるという方法の採用によって、禅の裾野が大きく広がったといえるだろう。

また呼吸と結びついた点も、口称念仏の大きな功徳であった。

挨拶《あいさつ》

挨拶《あいさつ》はもともとは禅語で、「一挨一拶、深浅を見んことを要す」(『碧巌録』)のように「挨」と圧《お》し、「拶」と圧し返す禅問答の場面を表した言葉だ。「挨」は軽く圧すこと、「拶」は強く圧すこと、という説明も見かけるが、お互いの力量次第では一方が圧すだけになって問答にならない。普通は、師匠と弟子の間で行なわれるわけだから、なかなか交互の「挨拶」にはならないのである。

だからであろうか。挨拶という言葉もさすらいながら軽くなってきた。「ごめんください」や「こんにちは」はまだしも、今では「どうも」や「ちわぁ」などというものまで挨拶と呼ばれる。もともと禅宗の師家が弟子の機根を見定める行為だったことを思うと、隔世の感がある。さすらうにも程があると言われれば、返す挨拶もないのである。

挨拶の語が日常に使われるようになったのは、江戸時代らしい。さまざまな物語のなかで使われ、挨拶はやがて、応援やとりなし、時には仲裁なども意味するようになる。

今では「挨拶せんかい」とヤクザに言われたら、みかじめ料を持参しなくてはならないし、政治家に言われても、どうやらタダでは済まないらしい。

それにしても、日本語の挨拶は、些《いささ》か変わっている。「こんにちは」は、どう考えても「今日は」なわけだが、今日はいったいどうしたというのか。これで「グーテンターク」や「グッドアフタヌーン」や「ドブリーデン」（チェコ語）などの挨拶に匹敵する言葉といえるのか、以前から不思議だった。

つまり「グーテン」や「グッド」、「ドブリー」に当たる、「汝によかれ」という祈りが感じられないのである。

しかし本来の禅語としての挨拶から類推すると、やはりそこには祈りが込められているのだと確信する。「は」という強調の副助詞に注目していただきたい。「今日は」、昨日までのようでなく、さらに言えばこれまでに体験したことのないような、全く新たな一日であることが念じられているのではないか。マニュアルや経験に頼らず、白紙から始めましょうよ。生まれ直しましょうよ。

私には力強いそんな呼びかけに思えるのである。

講堂《こうどう》

たとえばある土地に大勢の人々が移り住む場合、まずは皆が一堂に集まれるような場所を、皆で造るのが普通である。タイなどに逃れたカンボジア難民たちの場合もそうだった。そのような集会場を、古代インドでは「サンターガーラ」（santhāgāra）と呼んだ。

そこではリーダーの話を聞いたり、それぞれの事情を打ち明け合ったり、ときには土地の人を呼んできて話を聞くこともあっただろう。もしも同じ信仰をもつ人々なら、ときにはなんらかの儀式なども行なわれたはずである。

そのような建物が、中国に来ると「講堂」と呼ばれ、寺院の大切な七堂伽藍《しちどうがらん》の一つに数えられるようになる。

ちなみに七堂伽藍とは、時代や宗派によっても一定しないが、たとえば奈良の南都六宗などでは金堂《こんどう》、塔、講堂、鐘楼、経蔵《きょうぞう》、食堂《じきどう》、僧坊を数える。

経典を講義したり特定の法会《ほうえ》を行なうための講堂が、その後日常の日本語に取り込まれ、学校などで使われるようになったのである。

私が小学校に入ったときは入学式も講堂で行なわれ、音楽や芝居の鑑賞ばかりでなく、雨の日の体育の授業もそこだったように思う。講堂はあったが体育館はなかった。

しかし最近は、古い講堂は残っているものの、新しく講堂が建てられたという話はあまり耳にしない。

講堂という言葉、それほど意味的にさすらったわけではないのだが、いや逆に、もしかするとさすらわなかったせいか、今やそれ自体が絶滅しそうなのだ。

お寺は本堂で代用が利くからいいが、学校などでは知育・徳育の場としてむしろ講堂をこそ復活すべきではないか。

奈良時代当時は、仏殿のほかに如来像を祀って講堂を建てた。鎌倉時代以降の禅寺では自らが仏になるというつもりか、本尊は安置せず、また呼び名も講堂ではなく法堂《はっとう》とした。

そこでは師匠の講座を両側に分かれて聴くだけでなく、法戦《ほっせん》と呼ばれる問答も行なわれたらしい。師の言葉を傾聴し、お互いが言葉を磨き合う場は、今の日本にもなんとか存続させてほしいものだ。

伽藍《がらん》

講堂の項で、それが七堂伽藍の一つであり、言葉としてはあまりさすらわなかったことを紹介したが、ここでは「伽藍」のさすらいぶりを見てみよう。

原語はやはり梵語で「サンガーラーマ」（samghārāma）、これが中国で僧伽藍摩《そうぎゃらんま》と音写され、略して伽藍といわれるようになった。意味は、もともとはお寺の敷地のことをいったのだが、やがてその敷地に立つ建物ぜんたいを指すようになった。

現物の七堂伽藍などと共にこの言葉が定着してくると、音写語である伽藍と意訳語である堂宇が組み合わさって「伽藍堂宇」という言葉が生まれる。これは「砂糖」の項目でも書いたが、「禅定」や「涅槃寂静」と同じ梵漢合成語なのである。

ここでは「涅槃寂静」のほうを例示しておこう。つまり、ニルバーナの音写語（涅槃）と、それを意訳した寂静が連続して「涅槃寂静」という熟語になっていく。それと同じような作法で、「伽藍堂宇」という言葉も作られたのである。

お察しのように、この伽藍堂宇が略されて「伽藍堂」になり、やがて片仮名で書かれて「ガランドー」になる。意味は、基本が変わったわけではないのだが、やはり表記と共にけっこうさすらったといえるだろう。境内に建つ建物そのものではなく、その在るべき姿、状況を意味するようになるのである。

誰もいない、何もない閑散とした佇まいが強調された「ガランドー」は、やがて「がらんとした」とか「がらがら」などの形容詞句や形容動詞的な使われ方もするようになる。「がらん」という音は、もとは音写語だというのに、日本人の心深くに沁み入って馴染んでしまったのである。

伽藍は、使われるときだけ賑わってあとはまたガランとする。それが仏教的というより、日本的な美学に適ったということなのかもしれない。

鎌倉時代初期に摂政・関白を務めた九条兼実《くじょうかねざね》の弟、天台僧慈鎮《じちん》和尚（慈円《じえん》）は、こんな歌を残した。「引き寄せて結べば柴の庵にて解くれば元の野原なりけり」。これこそ日本人の押入や風呂敷を支える美学ではないか。無用のときはあくまでも「がらん」としているのが美しいのである。

邪見《じゃけん》

現代の日本語で「ジャケン」といえば、「そんなにジャケンにしないで」などの使い方をまず想起する。その場合の「ジャケン」は「邪険」と書く。

しかしここで取り上げた「ジャケン」は道理に適わない虚妄の見解のことで、「邪見」である。一見、無関係のようだが、はたしてそうだろうか。

人を見るとき、その美点を見つけるようにするか、欠点を探そうとするかによって、当然見つかるものは変わってくる。見つけようとすれば、どちらも必ず見つかってしまうのだと思ったほうがいい。仏教の十重禁戒の第七則ではそのため、「不自讃毀他戒《ふじさんきたかい》」を規定する。自讃せず、また他をそしることをやめよ、というのである。

邪見の反対語は正見だが、人間関係における正しさとは、和合を目指すものでなくてはなるまい。何より美点を探そうとする眼こそ重要なのだ。

同じような見方は古代インドにもあったらしく、本来は単に「見る」という意味だった

「ドゥリシティ」（dṛṣṭi）と「ダルシャナ」（darśana）が、実際の使用例を受けて、中国ではそれぞれ「邪見」、「正見」と訳されたという。むろん、何が正しい見方なのかは判断が難しいが、結果として褒めるのか貶すのかが、わかりやすい指標かもしれない。

　邪見は、単純化すれば、貪・瞋・痴という人間の三毒から起こる。もっと単純化すれば、我が身可愛さのために無意識に他人を貶めるということだ。古典では、貪欲邪見、邪見驕慢などの熟語を構成するが、貪欲だから邪見になり、邪見であれば驕慢にもなるのである。

　そうすると、邪見だから邪険にすることにもなるのではないか。邪険にされたことじたい、相手の邪見を証してはいないだろうか。

　しかし考えてみれば、「邪険にした」という認識は、通常したほうではなく、されたほうがもつのである。その認識を、そのまま鵜呑みにしていいものだろうか。

　人は誰でも、自分がいちばん可愛い。それはパセナディー王と王妃が釈尊にも確かめた真理である。そうであるなら、誰もが邪見を免れることはできない。だからこそ、せめて内なる邪見を外なる邪険さにつなげないようにすべきなのだろう。

　それがたぶん王と王妃に説かれた釈尊の「不害の説法」の真意である。

徹底《てってい》

出典は大乗の『大般涅槃経《だいはつねはんぎょう》』とされる。声聞《しょうもん》、縁覚《えんがく》、菩薩という三種の生き方を、河を渡る三種の動物に喩えた「三獣渡河《さんじゅうとが》」がそれである。河を渡るとき、兎は水上を泳ぎ、馬は首を出したまま脚で水中を泳ぎ、象はしっかり水底に足をついて渡る。つまり底に徹して渡る象の悟りが最も深く、菩薩のようだと称讃されるのである。

もともとインドでは、あらゆる動物のなかで象が最も神聖視されてきた。だからヒンドゥー教でも、人間のからだに片方の牙が折れた象の顔をもつガネーシャが、群衆の長として祀られている。お釈迦さまが生まれるときも、そういえば摩耶夫人《まやぶにん》は白象の夢を見て身ごもったとされる。要はそんな象の賢く優しく圧倒的な行動力を誉めたたえ、「徹底」と表現したのである。

禅宗は特にこの言葉が気に入り、「大悟徹底」という表現を生みだす。また何かにつけて、「徹底する」、「徹する」ことを讃える。三昧《さんまい》（禅定）になり、無心になることが、どこか徹底と重なるのだろう。当然だが、「未徹」というのはまだ悟っていない半端な状態で、否定的に使われる。

本来は、救済の対象が底までも含む、ということだが、この言葉も一般化して少々さすらう。仏教を離れ、何事においても中途半端でなく、しかも一貫しており、隅々まで行き届くことを意味する言葉になり、世間でもけっこう人気が出てくるのである。本来「徹底」は動詞だが、最近では「徹底的」あるいは「テッテー的に」などのように現代化し、副詞や形容詞句としても使われている。この辺の変化は「実際」のさすらいぶりにも似ている。

しかし徹底という言葉の問題点は、象でも底に足がつかなかったらどうするのか、という点である。象も河だから底に徹して渡れたけれど、海ならどうなのか。人の心もむしろ海のように底深く、時には底なしとも思える。

底に足がつかなくとも、きっと象は必要なら海を渡るだろう。その場合は、徹頭徹尾で事は済む。近頃は「徹底抗戦」「徹底攻略」「徹底ガイド」など、まるで底があるかのように見せかける使用例も多いが、世の中のあらかたの事に底はなく、したがって徹底しにくいことは知っておいたほうがいい。何よりそのほうが、仏教的思考である。

啖呵《たんか》

喉に痰がからまり、激しく咳き込むような状態を漢方で「痰火《たんか》」というが、咳には関係なく、しかし同じような勢いで発される言葉を「啖呵《たんか》」という。語尾はおそらく「痰」のイメージの名残なのだろう、必ず「啖呵」も「切る」ものと決まっている。痰が切れてすっきり爽快になるように、啖呵も切った人だけは勝手にすっきりするようだ。

今では江戸っ子ふうに「なに言ってやんでぃ、べらんめぇ」と啖呵を切れば、あとは悪口雑言でもなんでもＯＫになった。なるほど「痰」は元々菌の死骸などを含んでいるから、美辞麗句を並べて啖呵を切るなんて、あり得ないのだろう。

しかしこの言葉、ずっと遡ると『維摩経』にある「弾呵《たんか》」に辿り着く。つまりこれは勢いよく呵《しか》ることで、本来は相手の誤りを糺《ただ》す内容であるべきなのだ。

維摩はヴィマラ・キールティーという仏教の在家信者で、仏弟子や菩薩たちにも煙たがられていた。とにかく何でも知っているし、問答すればいつもやり込められてしまう。皮肉を言うこともあるが、こちらの態度如何では「弾呵」にも及ぶ。そうなると仏弟子たちは反論もできず逃げ帰るしかなかったのである。

正しいがゆえに義憤に駆られ、勢いよく言ってしまう「弾呵」が、いつしか内容がなくなって「啖呵」に変わった。とうとう痰や唾を飛ばす勢いだけの言葉に成り下がったのである。

田山花袋の小説に、「真向から痰呵を切られて、お梅は其処にすくんで了った」とあり、この「痰呵」は「痰火」と「啖呵」の中間の表記だが、痰を切るように放言する爽快さだけを求める印象はぬぐえない。

そしてこの言葉、やがてなぜか露天商などの売り口上なども含むようになる。がまの油売りや膏薬売り、また弁天小僧の「知らざぁ言って聞かせやしょう」なども啖呵と呼ぶらしい。

そうしてさすらって堕落した果てに、「啖呵」はとうとう泥棒たちの隠語になった。「啖呵を尽くす」とは犯罪について前もって共犯者とよく相談することだというのだから呆れる（『日本国語大辞典』）。

勢いに頼った言事がうまく噛み合うのは、悪事の相談くらいということか。

中有《ちゅうう》

玄奘三蔵による経典の翻訳は「新訳」と呼ばれ、それ以前の、たとえば鳩摩羅什《くまらじゅう》などによる訳は「旧訳《くやく》」と呼ばれるが、この「中有《ちゅうう》」は梵語「アンタラーバヴァ」(antarā-bhava)の新訳である。旧訳では「中陰」とされていた。

中有よりも中陰のほうが聞き慣れているかもしれない。中陰が満ちる(終わる)「満中陰」という言葉がすでに人口に膾炙しているからである。

満中陰とは、四十九日のこと。むろん本来的な意味合いからすれば、亡くなった人が成仏することを意味する。中陰の四十九日はインド以来の考え方だが、それを中国人は、目に見える「陽」の世界から見えない「陰」の状態への移行と考えた。「陰」とは本来じっと動かないことだが、そうなるまでの次第に動かなくなっていく過程を「中陰」と呼んだのだろう。つまり完全な「陰」が死ということになる。

一方、新訳した玄奘三蔵は、「陰」が死という規定じたい陰陽の定義に反すると思ったのだろうか。同じ梵語を「存在（有）」と「無」との中間と解釈した。くだいて言えば、いるような、いないような、そんな状態が玄奘の訳した「中有」であろう。「中有の幻身」という言葉もあるように、その状態は普通に見えるものではなさそうだ。しかしあくまでも「無」に到る途上である以上、何もないとは思っていない。

仏教は基本的に「中道《ちゅうどう》」を重視するから、死後のことについても、不変の霊魂を想定する「常見《じょうけん》」と、何もなくなってしまうと考える「断見《だんけん》」とを両方とも否定する。そうなると、あるような、ないような、やはり「中有」という表現が最も妥当なのだろう。

チベット仏教では「バルドゥ」と呼び、この期間を非常に重視する。そのあいだは耳が聞こえるから、経典によって正しく導くことが可能だと考えるのである。しかしインドにしてもチベットにしても、その後に「輪廻転生」による「新たな生」を想定しているのは間違いない。

思えば玄奘が「無」に到る途上である「中有」と表現したことは、次の生を否定する、ある意味で斬新すぎる翻訳だったのかもしれない。

瓦《かわら》

かつてインドネシアでヒンドゥー教の寺院を拝観したとき、その境内に大量の瓦が干してあって驚いたことがある。聞けばその瓦は、寺院で作っているというのだった。

しかし瓦の由来を知ると、なるほどそれもありかと思えてくる。瓦はもともと梵語の「カパーラ」(kapāla)の音写で、仏教伝来とともに六世紀末に百済を通って日本に渡ってきた。初めての瓦葺き屋根は飛鳥寺だったとされるが、飛鳥時代には寺院だけが瓦葺きを許されていたのである。

カパーラは本来、焼き物ぜんたいを指す言葉だが、なぜかインドでは頭蓋骨をも意味した。火葬した頭蓋骨の質感が、焼き物のように思えたのだろうか。カーパーリカ派というのは、だから死者の着ていた衣類を身につけ、墓地で修行する苦行主義派のことである。

こう申し上げると、瓦はインドで発明されたと思われるかもしれないが、さにあらず、じつは二千八百年ほどまえの中国だったようだ。

日本では平安時代になると寺院以外の宮殿や公的な建物も瓦で葺かれるようになり、各地に瓦屋《がおく》と呼ばれる瓦生産と供給のための役所が設けられる。滋賀県の八日市に瓦屋寺というお寺があるのだが、これもそんな歴史を感じさせる。寺院で瓦を生産したのはヒンドゥー教だけではなかったのだろう。

酒を飲むためのかわらけ（瓦笥）や床に敷くタイル状のものなど、瓦の用途は次第に広がり、国分寺などをきっかけに全国に屋根瓦も広まっていく。しかし貴族の邸宅の主流は檜《ひ》皮《わだ》葺きで、瓦葺きが一気に広まるのは戦国武将たちの築城が契機だったとされる。安土桃山時代には鬼瓦や鯱《しゃち》瓦なども流行してくる。

「貧者の一燈」の項でも触れたように、奈良薬師寺の貫首《かんしゅ》であった高田好胤師は、薬師寺の再建に当たり、大口の寄付よりも小口の寄付を無数に受けようとの信念から、瓦一枚ずつの寄付を勧進した。これも寺院と瓦の深い関係を知ったうえでのアイディアだろう。

瓦で葺いた屋根を指す「甍《いらか》」は、古くからある美しい言葉である。時代による材質の変化はある程度仕方ないにしても、昔からのものがあまり「瓦解」してほしくないと思う。

閼伽《あか》

元日の朝、うちのお寺では早朝まだ暗いうちから本堂に「閼伽水《あかみず》」を供える。冷たい金属製の浄瓶《じんびん》を両手に捧げ持ち、ご本尊、歴代住職、そして開基さまの茶碗に注ぐのだが、それはもしかして「若水《わかみず》」ではないかと言う人がいる。

「閼伽水」と「若水」。たしかに音はそっくりだし、なるほど辞書にも、元日の朝初めて汲み上げる水は「若水」だと書いてある。それは邪気を祓うと信じられ、主に神棚に供えたあと、茶をたてたり食事を作ったりするようだ。

しかし私が先住職に申し送られたのは、たしかに「ワカミズ」ではなく「アカミズ」だったと思う。すぐには意味がわからず聞き返した私に、国語の教師をしていた先住職は「アカも水だから、重複表現だな」と言ったのである。

お茶をする人々や神社関係者などは、どうしても「若水」と言いたいようだ。それはそれでいいのだが、私としては来年の正月にも、また「アカミズ」を供えるつもりである。

アカはサンスクリットの「アルギャ」(arghya) の音写で、閼伽のほかに、阿伽、遏伽などとも表記され、神仏に供える水を意味した。「功徳水」などとも訳され、それを供える棚が「閼伽棚」と呼ばれたことは『方丈記』でも諒解できる。

水そのものを「閼伽水」と呼び、それを汲む井戸を「閼伽井」と呼ぶのは、たしかに重複的な感じがする。しかしおそらく、そうしてわざわざ神仏に供える水や井戸を区別しようとしたのではないだろうか。そして案外、その配慮から「若水」という言葉も生まれたのではないか。

これは想像だが、初めは「アカミズ」を「ワカミズ」と聞き違えたものの、「若水」という表記が浮かぶと、音も意味合いも悪くない。いやむしろ、「アカミズ」などという重複表現よりも知的な印象さえあるではないか……。いや、わからない。わからないけれど、ふとそんなふうに「若水」が発生したような気がしたのである。

ところでこの「アカ（閼伽）」が、「アカの他人」の語源だという説もある。その場合は「水のように冷たい」あるいは「水のように流れ去る」他人の関係というわけだが、これは俗説として否定されることが多いようだ。それにしても、「真っ赤なウソ」と言いながら「赤心を示す」と言ってみたり、「アカ」というのは誠にややこしい。

補陀落《ふだらく》

浄土と呼ばれるものは、じつはいくつもある。有名なのが西方にあるという阿弥陀の浄土だが、東には薬師如来のいる瑠璃光浄土もあるし、阿閦如来《あしゅくにょらい》という聞き慣れない仏さまの浄土もある。

これらは特定の方角に存在するとされるのだが、どこからでも西や東であるということは、結局はどこなのか特定できない。

弥勒の浄土というのもあるが、弥勒仏は現在兜率天《とそつてん》にいて説法しながら待機しているという。お釈迦さまの次にこの娑婆世界に降臨する未来仏なのだが、こちらから訪ねていっていいものかどうかもわからない。しかも来てくれるのは仏滅後五十六億七千万年後。あまりにも非現実的である。

そうやって考えると、観音菩薩の補陀落《ふだらく》浄土が最も現実的で求めやすかったのではないだろうか。

もともと観音浄土を意味する梵語の「ポータラカ」（Potalaka）が音写されて補陀落や補陀落迦、あるいは補陀洛などと表記され、光明山、海島山、小華樹山などと漢訳された。おそらく「補陀落山」という表現が最も一般的だと思われるが、これが『華厳経』入法界品《にゅうほっかいぼん》などの記述により、インドの南海岸にあるとされたのである。

山というより海中の島とも考えられ、またインド最南端のコモリン岬だという説もあるが、いずれにしてもインドの南のほうということで、日本では紀伊半島の熊野沖から漂着できるという話が信じられ、主に僧侶たちが何人も船出して帰らぬ人となった。

まるでキリスト教におけるマリア信仰のように、観音信仰はアジア各地に広まる。チベットのラサにあるポタラ宮はまさに「ポータラカ」に由来するのだし、ダライ・ラマは観音の化身とされる。中国では「普陀山」が四大名山の一つとされ、我が国では紀伊の那智山や日光の二荒山を補陀落山に準《なぞら》える。

あまり知られていないが、日光の「二荒」は「ふたら」（＝補陀落）の音写であり、それを音読みした「にこう」を「日光」と言い換えたのである。

この国では霊場巡りが盛んだが、観音霊場も三十三ヵ所を巡る形になり、いわばどこもかしこも観音浄土になってしまった。

VII

南無《なむ》

お寺と「南無」は切っても切れない。もともとは梵語の「ナマス」(namas)あるいは「ナモー」(namo)の音写で、崇敬をあらわす感嘆詞である。意訳では「帰命《きみょう》」「帰敬《ききょう》」などと訳され、たとえば和讃では「帰命頂礼《きみょうちょうらい》」と丁寧に訳している。

ユダヤ教やキリスト教では似たような言葉として「ハレルヤ(アレルヤ)」を用いる。「主を褒め称えよ」と訳されるように、その褒め称える対象は必ず「主」であるのに対し、「南無」の場合はいろんなものがその対象になる。

伝統的には「仏・法・僧」の「三宝」に帰依するのが普通だが、やがて「南無阿弥陀仏」や「南無観世音菩薩」、「南無大師遍照金剛《なむだいしへんじょうごんこう》」なども唱えられるようになる。

日蓮聖人の発明になる「南無妙法蓮華経」は、本のタイトルに「南無」するという点で世界でも稀なお唱え文句といえるだろう。

また江戸時代の臨済僧である白隠慧鶴《えかく》は、「南無地獄大菩薩」と大書した。地獄へ行きたくない、という強い欲求によって菩提心を起こした自分のような人間にとっては、地獄さえ感謝し、帰依する対象だというのである。『維摩経』に示される「外道もまた我が師」というこの考え方に倣えば、世の中に「南無」できないものは何もないことになる。

何かを必死に念ずるようなとき、日本人は「なむさん！」と言うが、これは「南無三宝」の略である。

平成二十三年三月十一日に起きた東日本大震災では、無数の人々が「なむさん！」という場面を体験した。死者、行方不明者は二〇二一年三月時点で合わせて二万二千人を超え、さらに原子力発電所の事故処理も決して順調とは言えない。家を追われた人は福島県だけでも十五万人を超え、また各地に身元確認が済まないままに埋葬される人々も大勢いた。これを「地獄」と呼ばずして何が地獄か、と思う人もいるはずである。

しかし白隠禅師の書かれたように、「地獄」の周囲にはすでに「菩提心」が無数に芽生えている。「南無」する対象は人々のうちに今も芽生えつつある。困難を乗り越える地獄大菩薩があちらにもこちらにも涌き出てくるのである。

七難《しちなん》

七種の災難のことだが、一般的には『法華経』の第二十五章普門品《ふもんぼん》、いわゆる「観音経」を典拠にする。それによれば、火難、水難、羅刹《らせつ》難、刀杖《とうじょう》難、鬼難、枷鎖《かさ》難、怨賊《おんぞく》難の七つである。

同じ経典には七宝も出てくる。何かにつけて「七」でくるのは仏教というより、インドの習慣と考えていいだろう。インド人にとっては、聖なる数が七なのであり、それを掛け合わせた四十九も、ご承知のとおり重要な区切りになっている。

さて七難だが、どうしても今は、忘れがたい東日本大震災を思ってしまう。震度七を含むものすごい揺れが東日本一帯を襲い、そこに巨大な津波がやってきた。揺れて倒れた建物などでの圧死者、そこに起こった火災での焼死者、そして津波で流されて溺死した人々も数えきれない。溺死以前に打撲で亡くなった方も多いらしい。

火難、水難が夥《おびただ》しい人々の命を奪い、そのまま海に持ち去られたご遺体は、アメリカ軍と自衛隊、そして警察の懸命な捜索にもかかわらず、いまだ多くが発見されていない。

さすがに今の時代、ほかの五つの災難はあり得ないと思われるかもしれない。しかしさにあらず。羅刹はインド神話のラークシャサの音写だが、人間に一部恩恵も与えるが、基本的には脚の速い大力の食人種といわれ、悪鬼として怖れられている。一部恩恵を与えるところも含め、放射能に極めて似かよっていないだろうか。

震災によって福島第一原子力発電所が危機的な状況になり、人々はそこから羅刹が大量に漏れ出したことを知った。

刀杖難は怒りによって心が突き刺されるような災難である。そして信じていいのかどうかわからないさまざまな情報に、疑心暗鬼が生まれ、鬼難も次々に発生しつづけているのだ。

半径二十キロ圏内の警戒区域だけでも八万人を超える人々が、津波のせいではなく放射能という羅刹のせいで家に戻れない状況になった。半ば強制的な仮設住宅や借り上げ住宅での暮らしはまさに枷鎖難だろう。

今後、東電や国への怨みによる怨賊難が続くかどうかは、偏《ひとえ》に政治や行政の運び方いかんにかかっている。災難の七分の五は明らかに人災なのである。

荼毘《だび》

荼毘《だび》とは火葬のことで、仏教の埋葬法である。当然のことだが仏教と共に我が国に流入し、最初に火葬になったのは奈良の元興寺《がんごうじ》の僧道昭《どうしょう》であったとされる。

当時一般的だった土葬の習慣からすれば、これはよほど斬新で残酷なやり方に見えたのだろう。大勢の群衆が元興寺を取り囲み、非難したとも伝えられる。たしかに火葬というのは世界でも珍しく、古代ゲルマン民族とインドのヒンドゥー教徒、そして仏教徒くらいだろう。

現在でも、埋葬法はおおむね宗教によって規定されている。原則として、神道、キリスト教、イスラム教などは土葬だが、最近は土葬にできる墓地も少ないため、やむを得ず火葬になることも多い。カトリックは一九六三年に火葬を承認したが、これもそうした現実的理由によるものである。

しかし明治以前には宗教の規定する埋葬法は厳格に守られており、歴代天皇でも自ら火葬を命じた持統天皇以後、三十人以上の天皇が京都の鳥辺野《とりべの》（東山区）などで荼毘に付されている。自らが仏教徒であったことを、埋葬法によっても示されたのである。

死体を焼くことをパーリ語で「ジャーペーティ」（jhāpeti）と言うが、「ダビ」の語源はおそらくこれだろう。水葬、土葬、風葬もインドにはあったが、火葬が最も正葬とされた。最近の日本ではほとんど宗教の規定に関係なく、九九％以上が火葬にされている。これは世界一の火葬率かもしれない。共産主義は火葬を強制したが、共産国の解体が続いたせいもあり、世界ではむしろ一時より土葬が増えているのである。

東日本大震災では多くの遺体が一時的に土葬になった。地震のせいで壊れた火葬場が多く、それでなくとも多すぎる遺体はとても火葬場で処理しきれなかった。やがて大量に見つかった遺体は、東京・江戸川区の瑞江火葬場に五百体、千葉の火葬場に三百体など、次々と関東圏に送られ、荼毘に付されたのである。

仏教の埋葬法がこれほどまでに流布したと思えば一面では嬉しいものの、埋葬法じたいがこれほど宗教理念と関係なくなってしまったのはやはり寂しい。土葬になった遺体も掘り返し、ＤＮＡ鑑定を施し、火葬して改葬したようだが、そうまでさせた要因はいったい何だろう。土地の再利用という経済的観点でなければいいと、切に願うばかりである。

聖《ひじり》

「ひじり」という和語に、仏教伝来後「聖」という文字が当てられることになった。「ひじり」は通常「日知り」と受けとめるのが一般的で、元来は太陽の司祭者、呪術者を指したものと思われる。

「聖」と表記されてからは、主に遊行する仏教僧を意味し、浄土教を弘める僧たちは特に念仏聖と呼ばれた。親鸞が「聖人」と呼ばれたのはこの延長上のことである。平安時代には「市聖《いちのひじり》」と呼ばれた空也《くうや》が活躍し、後に念仏しながら遊行した一遍は「捨聖《すてひじり》」と呼ばれた。いずれにしても、遊行していれば自然界の変化にも詳しくなるだろう。それを知る人こそ「聖」として尊敬される伝統は、長期にわたって保たれたのである。

東日本大震災では、地震も津波も「想定外だった」と、何人もの責任ある立場の人が言った。しかし東北地方の被災者に限らず、日本人は昔から「想定外」が必ずあることを想定していたのである。

日本の固有神とされる「オオナムチの神」は、本来は「大穴持ち」であり、この穴は火山の溶岩が噴きだした穴だ。噴火の恐ろしさを知ればこそ、畏れ宥《なだ》めるために人々は神として奉った。およそ、嵐にしても津波にしてもそれを司る神がおり、日本人はその神々を畏れつつも、同じ自然からの恵みにも期待した。つまり、怖いけれど、恵みがあるからこそ神々を祀り、海の近くで漁師になったり山の木を伐る樵になったりしたのである。

三陸の海に限っても、たとえば石巻《いしのまき》市の雄勝町《おがつちょう》だけで、船魂《ふなだま》神社、八幡神社、五十鈴《いすず》神社、白銀神社、熊野神社、塩竈《しおがま》神社など十数社もの神社がある。いかに人々が海を畏れ、それでも宥めつつ恵みを祈らずにいられなかったかがわかるだろう。

だから自然への畏れをなくすような「ゆきすぎた防災」の考え方は、根本的に我々の文化と折り合わない。

自然の振る舞いはどんなに防御しようと必ず人間の想定を超えてくる。そこを充分に理解すれば、自ずと今後の復興の指針も見えるはずである。

聖ならば、いたずらに対抗するよりも、怯えを保ち、どんな状況でも複数の逃げ道や逃げ場所を知っているはずで、勿論それは僧侶とは限らないのである。

道場《どうじょう》

これほど日本的な言葉もないように思えるが、元を辿ればこれもサンスクリットの「ボーディ・マンダ」(bodhi-manda) の訳語だというから驚く。

本来は、釈尊が悟りを開いたとされるブッダガヤの菩提樹の下、いわゆる金剛座のことだが、やがて一般に修行する場所全般を意味するようになる。禅宗では特に修行道場という言葉を使い、これは修行者しか入れない場所だが、浄土教ではもう少し広く、人々が念仏に集まる場所を指す。どこでも修行を始めれば、柱や屋根はなくともそこが道場なのである。

ボーディが菩提と音写され、それが「道」と意訳されたとき、仏教は中国風に変形しつつもその大地に根を張りはじめた。

古文献には「道教」という言い方で「仏道」を意味するケースも見られる。そして仏道という言い方に準えて、日本では剣道、茶道、華道、合気道など、あらゆる「道」が現れる。「仏教」と呼びはじめたのは明治時代になってからである。

「道」が中国で「無為」と同義に使われることがあるように、日本でのあらゆる道も技術を繰り返し学ぶことで習熟し、無意識にそれができるようになることを目指す。つまり「身につく」ということだ。

同じ技術でいつでもどこでも通用するわけではないから、「道」は終点のない行程そのものであり、環境が新たになればまたそこを歩きはじめるしかない。その意味では、東日本大震災、いや福島第一原子力発電所の事故以後は、歩んだことのない荒野を前に、多くの人々が立ち尽くしているようなものだろう。

原発から三十キロ圏内には、お寺も六十ほどあった。僧侶たちも避難し、それぞれ避難した場所で残してきた道場を案じる生活だった。事故から長期間にわたり檀家さんと連絡もとれず、お寺として機能しない苦しい期間も長かった。

しかしどんな荒野でも、歩きだすしかあるまい。禅語では「歩々是道場」という。瓦礫を踏みしめ、放射能を掻き分け（そんなことはできないが）、少しずつ「つながり」を取り戻していったのである。

「道場」とはつながる場所でもある。歩きつづければ、きっとそこに道場ができるはずだ。

塔婆《とうば》

梵語の「ストゥーパ」(stūpa、パーリ語 thūpa) の音写語だが、「塔」は結果的に東アジアでの形にも一致することになった。「卒塔婆《そとば》」とも音写され、本来は仏舎利を納めた塚のこと。上座部仏教圏では、今も最大の徳行はストゥーパを建てることとされる。

紀元前三世紀の阿育王《あいくおう》ことアショーカ王は、当初八箇所に分骨されていた釈尊の遺骨をいったん回収し、それを更に細分して各地に多数の塔を建てたと伝えられる。これがストゥーパの嚆矢《こうし》とされ、その数八万四千ともいわれるが、実数ではあるまい。

本来、饅頭《まんじゅう》型だったストゥーパは、中国に伝わると楼閣建築として高層化し、層塔様式となって朝鮮半島から日本に伝わる。しかし中国や朝鮮半島にはその形式の遺物がほとんどなく、日本だけに多くの三重塔、五重塔などが残っている。我が国の五重塔は寺社に所属するものだけで四十七基もあり、観光用も含めると百基以上になる。寺院だけでなく、神社にまで造られたことからもその流行ぶりが窺えよう。

この五重塔をモデルに、そこに「五大」（＝地、水、火、風、空）の意味を読み取り、日本で発案されたのが五輪塔や板塔婆《いたとうば》である。

板塔婆には五輪に分ける切り込みが施されている。日本人は、百済から伝来した金銅製の仏像も木彫に造りかえたように、「木」には特別な思い入れがある。塔婆も孝謙帝のときに木製で百万塔を造ったとされ、やがて板塔婆、角塔婆なども生みだす。ことにお盆は、この板塔婆による卒塔婆供養が盛んである。

うちの寺でもお盆には塔婆供養の申し込みを受け、毎年三百本ちかい塔婆を書くのだが、二〇一一年は特に多かった。思えばあの三月の大震災によって、多くの墓石が倒壊し、あるいは飛び跳ねた。石垣が崩れ、壊滅的なダメージをこうむった墓地も多い。

当然、檀家の皆さんは「なんとかお盆までに修復してほしい」と思っているのだが、いかんせん石屋さんが忙しすぎてとてもとても間に合わない。そういう事情だから、せめて塔婆だけでもと思ったのだろうか。

地域によっては塔婆を立てない地方もあるようだが、子供の頃から見慣れた私にとっては、これも親しい日本仏教のシンボルである。

無念《むねん》

「無」の思想ともいうべきものが仏教で強調されるのは、中国における老荘思想からの影響と考えていいだろう。悟りを意味するボーディ(bodhi)が『老子』の用語で「無為」と訳されるに及び、「無」はゼロであると同時に全てが発生する源とも捉えられるようになった。

「無念」とは、執着に汚された妄心を滅し、何の念慮ももたない状態。「無念無想」はほとんど同義反復だが、これが最も柔軟で即応力のある清浄な心と考えられたのである。

戒律を重んじる北宗禅《ほくしゅうぜん》は、そのような妄「念」を離れる「離念」を目指したが、頓悟《とんご》を主張する南宗禅《なんしゅうぜん》は「無念」を説く。六祖慧能が「本来無一物　何れの処にか塵埃を惹かん」と主張したように、無心や無念が保たれるなら心には塵も埃もつきようがないというのである。「無念」や「無心」は日本に将来された南宗禅の理想なのだ。

ところが最近の使われ方を見てみると、「無念です」などと悔しそうに涙を流したりする。

本当に無念なら悲しみだってないはずだが、不思議である。おそらくこれは、「残念無念」と言うように、妄念の残った「残念」な状態を強調するつもりで「無念」もくっつけて使っているうちに、「残念」の意味合いが次第に「無念」にも移ってしまったのではないか。

言語学的にそんな現象がほかにあるのかどうかは知らない。しかし言葉に限らず「さすらい」の詳細が我々に把握できるとは限らない。

現に「無念無想」の「無念」と、「残念無念」の「無念」はまったく正反対の意味で、後者には山ほどの念が感じられる。言葉は時にこんな不思議な「さすらい」もすると思うしかないのだろう。

本当は、「私は無念です」と自慢してもいいはずだったのに、「無念です」と悔しがっている。悔しいのはきっと「無念」という言葉じたいに違いない。

ところでこの「無念」、「ぶねん」と訓《よ》むと、まったく別な意味になる。入念でない、うかつなことである。

二〇一一年の原発事故も、無念《ぶねん》であったからこそ大事故になってしまった。そのことが、残念どころか無念で仕方ない。ああ、この無念からは残念以上に放射能の如き「念」が発生しているようだ。

露地《ろじ》

今では「ろじ」というと、「路地」と書くことのほうが多い。これは建物の間の狭い通路のことで、行き止まるという意味を含む。終わりがないとされる「道」の反対語でもある。

しかしここに挙げた「ろじ」は、それとは全く別物で、露地または露路と書く。パーリ語やサンスクリットの原語（ābhyavakāśika）もあって、原意は何の覆いもない野天のことだ。インドには身心を清める頭陀行《ずだぎょう》の一つとして、この露地に坐す行があった。

やがて露地は、その言葉じたいで煩悩の覆いが取れた清浄なる境地を意味するようになる。お茶の世界ではわざわざそれを「白露地《びゃくろじ》」と呼んで珍重するが、茶道における露地は、なにより社会的身分や貴賤、好悪など、余計な分別を脱ぎ捨てる場所としてある。

「露」は文字通り「あらわれる」こと、露呈すること。『従容録《しょうようろく》』などには「明歴歴露堂《めいれきれきろどう》堂《どう》」とあるが、隠すことなく真理は露われているのだと、あえてそれに気づくことを促している。

『法華経』譬喩品《ひゆぼん》の火宅の喩えでは、火炎に包まれた子供たちを、露地に置かれた大白牛車《だいびゃくごしゃ》を示して救う。ここでも露地は、煩悩の炎の及ばない安らかな場所として描かれている。『臨済録』や『碧巌録』には「露地の白牛」という言葉が登場するが、いずれも『法華経』のこの物語を典拠にしており、煩悩から逃れた安らかな境地を意味する。『祖堂集』には「露地というは仏地なり」という言葉も見える。

最近では、露地といえば、心も修行も関係なく、野天で作った野菜のことだと思うだろう。ハウス物でない、露地モノというわけだが、思えばこれも随分なさすらいである。

当初は、太陽を燦々と浴びて育ったことを誇らかに告げる言葉であったはずだが、空から妙なものが降ってくるご時世ではそうもいかない。最近では野菜工場などという代物まで登場し、外気に触れてないことを自慢するようになった。

露地が誇れないというのは、世も末である。これは東洋的な自然崇拝の基底が危ういということだ。私としては露地そのものもつ浄化力をなおも信じていたいが、これ以上自然に甘えては「露地」がさらにおちぶれる。

愛嬌《あいぎょう》

本来は仏教語で「愛敬」と書き、「あいぎょう」と発音した。意味は、今でいう「敬愛」に近く、敬い、愛すること。『法華経』には菩薩に対し、愛敬すべしと説かれるが、たとえば夫婦の間でも「愛敬の念」をもつべきとされる。

もともとは対人関係における折り目正しい態度や心構えのようなものだったわけだが、これが「あいきょう」と清音化することで意味合いも変わる。「愛敬がある」「ない」というように、人間の属性を意味するようになるのである。すでに平安初期には「愛敬がない」という言い方が登場している。

本来の仏教語では、仏や菩薩の穏やかで慈悲深い様子を「愛敬の相」と称した。つまり我々が「愛敬すべき」様子ということである。しかし仏や菩薩は、「仏頂面」ともいわれるように、普通はさほど親しみやすいものではない。悲しみの渦中にある人には、大いに救済を与えてくれるにしても、平時の人々には取っつきにくいものではなかっただろうか。

そこで人々は、手前勝手ながら、もう少し親しみやすいものとして「愛敬」を捉え直した。仰ぐべきものではなく、むしろ剽軽だったり、憎めないもののほうにさすらってしまったのである。

「愛敬毛」という言い方にも、その辺の事情が感じられる。愛敬毛とは、鬢《びん》からほつれた後れ毛、ほつれ毛のことだ。そんな毛が見えたほうが、びしっと完璧にまとめてあるより親しみやすく、愛敬も感じられるということだろう。

当然のことだが、そうなると「愛敬」という文字も、実質に合わせて「愛嬌」と変わることになる。今では英訳語も、charming, attractive などとされ、完全に人間的な、親しみやすい魅力のことになってしまった。

「男は度胸、女は愛嬌」ともいわれる通り、日本人の多くは女性に愛嬌を求めた。しかし「愛嬌ぼくろ」などは男性にもあり、喜劇役者の藤山寛美などは大いにそれを利用した。

中国語では「愛嬌がある」ことを「動人《ドンレン》」というが、たしかに愛嬌は、人を動かす大いなる力かもしれない。正論で諭《さと》されるより、愛嬌で同調されるほうが、人はよほど積極的に動くのである。

方丈《ほうじょう》

おもに禅寺で、住職のことを「方丈さん」などと呼ぶ。方丈とは本来、建物の呼称だが、「北の方さま」「奥方さま」「お庫裏さま」などと同様、直接人の名を呼ばず、建物などで婉曲に示すのはよくあることだ。天龍寺での私の師匠、平田精耕《せいこう》老師も、「撥雲軒《はつうんけん》」「集瑞軒」と居場所の変化によって号が変わった。

方丈の初出はおそらく『維摩経』で、在家居士であった維摩が住んでいた建物が方一丈であったことに由来する。一丈とはおよそ三メートルだから、方丈は畳で五畳あまりである。それほど狭い場所に、経典によれば十万人以上の見舞い客が入り、三万二千脚もの椅子が並んだとされる。要は執着をなくし、「空」が実践されれば、狭い場所でも無限の広がりをもつという寓意なのである。

そのことに感銘を受けたのだろう、神官の子に生まれながら出家した鴨長明《かものちょうめい》は、自らの住まいをどんどん小さくしていきながら、平安末期の不安な世相での暮らしぶりを『方丈記』として書き綴った。五十歳を過ぎて洛南の日野に建てた家はまさに方丈で、しかも牛車《ぎっしゃ》二台で運べる組み立て式の可動式。実際に維摩の方丈を真似て生活したのは、長明が嚆矢ではなかっただろうか。

しかし長明は、執着がなくなれば幾らでも広くなる方丈で、そうじゃない自分を痛感する。

室町時代に入り、次第に広い方丈が建てられるようになると、禅僧たちのトレンドは「庵」に変わった。長野県飯山の「正受庵」は、我が福島県三春町の画僧雪村《せっそん》が住んだ「雪村庵」をモデルにしたという説もあり、あるいは「庵」暮らしの原型は雪村庵だったのかもしれない。

庵の場合、広さの制限よりむしろ、本堂機能と庫裏機能を一つ屋根の下に収めたコンパクトさに特徴がある。庵主さんというと尼僧《にそう》さんのイメージが強くなったのは、尼僧さんの住持する寺にそんなコンパクトな形が多かったからだろう。

一方の方丈はどんどん広くなりながら、それでも方丈と呼ばれている。巨大な建物の奥から時間をかけて出てくる住職を方丈さんと呼ぶことにも、もはや抵抗は感じなくなってしまったのである。

菩提《ぼだい》

菩提は明らかに梵語の「ボーディ」(bodhi)の音写である。ブッダ(Buddha)と同様、目覚める、覚るという意味の動詞ブドゥ($\sqrt{budh}$)の派生語で、目覚めた結果得られる「さとり」、あるいは完全な智慧を意味する。

中国に伝わると「覚」「智」などの訳語のほかに、老荘思想の影響で「道」という訳も広まり、なかには「道教」という表記が仏教を意味するケースまである。

覚りやそれによって得られる智慧が単なる気づきではなく、一生かけて行ずるものになったのは、この「道」という訳語のせいもあるのではないか。日本に渡るとこの「道」がさまざまに用いられ、武「道」や茶「道」、香「道」など無数の「道」を生むことになる。

一方で、「菩提」の意味は、「涅槃」や「仏」の変質につれて同じように変質する。インドでも「涅槃」は煩悩の炎が消滅した境地、永遠の安らぎを意味するだけでなく、「般涅《はつね》槃《はん》」として「死」をも意味したわけだが、それにつられるように、日本では「仏」が覚者だけでなく、死者をも意味するようになる。

そこで菩提も、「菩提を弔う」といった表現がなされるようになったのだろう。「さとりを弔う」では意味をなさない。これは死によって「成仏」することを願いつつ供養を捧げることだ。

そのような行為をする場所が「菩提寺」と呼ばれるのも、日本だけの現象といえるだろう。卒塔婆に「追善菩提」などと書くのも、死後の冥福を祈ることだ。そうした行為は基本的にお墓をもたない上座部仏教には関係ないことだった。

菩提心や「菩提の岸」など、本来的な意味で使われる言葉も多いが、「菩提薩埵《さった》」（ボーディサットヴァ＝bodhisattva）の省略形である「菩薩」（さとりの智慧を求めつづける者）は最もよく知られる。当初如来になる以前のゴータマ・シッダルタを意味したこの言葉は、大乗仏教においてあらゆる修行者に広められ、やがて日本に来ると、八幡大菩薩のように神さまにまで用いられる。

これを無節操と批判するのは簡単だが、私は時代や状況を超えて流れつづけた大河の如き仏教の受容力と思いたい。

は行

ま行

や行

ら行

仏教語索引

〈新版〉
さすらいの仏教語

著　者　玄侑宗久
発行者　真船美保子
発行所　KK ロングセラーズ
東京都新宿区高田馬場4-4-18　〒169-0075
電話（03）5937-6803（代）　振替 00120-7-145737
http//www.kklong.co.jp

印刷・製本　大日本印刷（株）
落丁・乱丁はお取り替えいたします。※定価と発行日はカバーに表示してあります。
ISBN978-4-8454-2502-0 Printed In Japan 2023

本書は2014年1月に中央公論新社から中公新書として出版されたものを改訂して出版したものです。